疯狂阅读®

CRAZY READING

珍藏版

主编 / 杜志建

情感卷

▽
▽

我们终其一生
都在寻找活着的意义，
我想，它是——
我在往前走，
听到后面有人说，
“没事，等你”。

汕頭大學出版社

图书在版编目（CIP）数据

疯狂阅读：珍藏版．情感卷 / 杜志建主编．-- 汕头：汕头大学出版社，2024.6（2025.6 重印）
ISBN 978-7-5658-5305-0

Ⅰ．①疯… Ⅱ．①杜… Ⅲ．①阅读课－中学－教学参考资料 Ⅳ．① G634.333

中国国家版本馆 CIP 数据核字（2024）第 109783 号

疯狂阅读：珍藏版．情感卷　FENGKUANG YUEDU ZHENCANGBAN QINGGANJUAN

主　　编：杜志建
责任编辑：蔡　瑶
责任技编：黄东生
封面设计：马俊洁
封面绘图：逢　夏
出版发行：汕头大学出版社
广东省汕头市大学路 243 号汕头大学校园内　邮政编码：515063
电　　话：0754-82904613
印　　刷：河南瑞之光印刷股份有限公司
开　　本：787mm × 1092mm　1/16
印　　张：10
字　　数：280 千字
版　　次：2024 年 6 月第 1 版
印　　次：2025 年 6 月第 2 次印刷
定　　价：25.90 元
ISBN 978-7-5658-5305-0

声明

基于对知识和创作的尊重，本书向所选文章、图片的作者给予补贴。因条件所限未能及时联系的作者，我们在此深表歉意，当您看到本书时，请与我们联系，以便我们向您支付补贴和赠送样书。因篇幅有限，部分文章有删节，敬请谅解。

联系方式：0371-68698015

目录

你路过我一场场雪落

万家灯火，一盏归我

十七岁的风吹过长夏

在这小小小小的人间

我把灵魂缝在纸背上

喵呜，呼噜和好天气

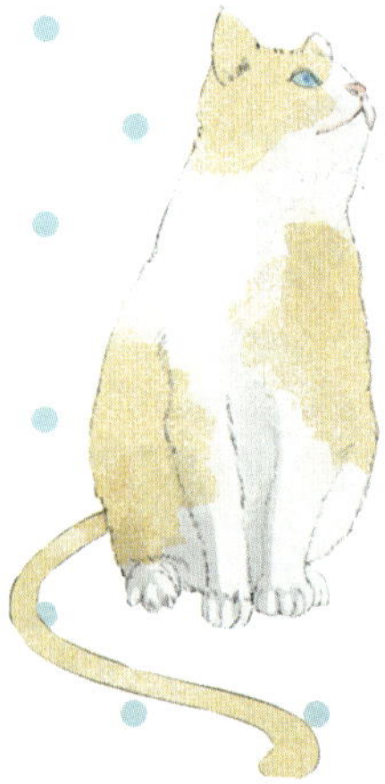

你路过我一场场雪落

浮云悠悠，
这世间总有美丽的再相逢。

永远之后还有永远

陈小愚

《海街日记》是我喜欢的导演是枝裕和的电影，有一贯温和温吞的叙事，润物细无声的镜头，每一帧都很美。电影讲述了三姐妹在父亲去世后接纳同父异母的妹妹共同生活的故事。四姐妹住在风景优美的海边城市——镰仓，她们相亲相爱，相依相偎。

我也有姐妹。

我在家中排行老二，有一个姐姐，还有一个妹妹。

夹在中间的孩子，总觉得父母爱姐姐和妹妹更多一点。他们什么事都跟姐姐商量，不告诉我，什么好吃的好穿的都给妹妹，不给我。

小时候，我很讨厌姐姐，也很讨厌妹妹。

讨厌到，拿着菜刀追过姐姐，甚至用菜刀丢她。她现在逢人还会讲这件事情，大概以后我结婚生子，也能听到她跟我老公孩子说："你别看她现在这么文静，小时候可凶悍了，拿着菜刀追着我满鱼塘跑，只是因为我不带她玩。"

这是我讨厌姐姐的原因之一，她不带我玩。

她比我大两岁，是我们村里的孩子王，所有孩子都喜欢跟她玩，听她发号施令。

我们那时候玩角色扮演，玩皇宫游戏，姐姐永远是那个想选什么角色就可以选什么角色的人。她可以选皇后，可以选公主，可以选太后，甚至女扮男装演皇上。但是我呢，想要当一个举着芭蕉叶站在她身后的小宫女，她都不给我机会。

我只能和两三岁的光腚孩童站在一起，当个平民在路边围观，看着他们浩浩荡荡"微服出巡"的队伍，一路号哭回家。

我恨她。

我也不喜欢妹妹。

妹妹小我五岁，长得很漂亮。从小到大，姐姐穿过的衣服，我都会捡来穿。但是我穿过的衣服，妹妹不会再穿了，她有新衣服穿。

小时候她长得像个洋娃娃，谁都想抱她。街上开饭馆的台湾老板，总跟我妈妈说要抱她回台湾养，每次看到她都喜欢得不得了，抱着她去买糖。

她三岁时拍了一套艺术照，眉心点个小红点，穿着小婚纱，抱着泰迪熊。十几张照片洗出来，亲戚朋友见了都要拿走一张，最后家里只剩一张。搬家几次，很多老照片都不见了，那张照片还被妈妈收着。

她比我小五岁，在家里可以什么也不用干。我要洗衣服，饭后要洗碗，她什么也不用干，只用玩。她还总是考一百分，还是小学舞蹈队的，在新建的大会堂里跳舞，翻跟斗。

我真的不喜欢她。

我讨厌她们联合起来欺负我，排斥我。

妹妹上中学时，终于变丑了。

她长胖了，还长了满脸痘。从前那个走路昂首挺胸的傲娇小姑娘，变得灰头土脸，低头驼背。她觉得她变丑了，变得很自卑。但是我一点也高兴不起来，而且我仍然觉得她很漂亮。

很长一段时间后，她才从那个自卑的阴影里走出来。

她现在穿每件衣服，试每条裙子，都会问我，好看吗？她问我的时候，我或在看电影，或在吃东西，或在看书写字。在她看来，我每次说的“好看”都很敷衍。

我是真的觉得好看，不用看，也觉得好看的好看。

她从小就好看。

姐姐工作第二年，交往了一个长得不太好看的男人。

她是个很容易被打动的人，追求她的人，只要一直对她好，用不了多久都会追到她。

那时我在寄宿学校读高中，高考后，那个男人和她一起来接我。我惊讶地发现，小时候在孩子群里当大姐大的姐姐，在男人面前像只小白兔，低眉顺眼，娇声娇气。

恋爱真可怕。

后来她失恋，之后又交往了一个小她两岁的男生，交往两年多，最终没能走到一起。

失恋那天，男生送她一个很大的抱抱熊，她抱着熊，拎着啤酒一个人到海边，哭干眼泪。

我打电话给她，说急用钱。她在那头像个没事人一样，站起来拍掉身上的沙子，去给我汇钱。

我有个很爱臭美的妹妹，有个会在恋爱里迷失自我的姐姐；有个很擅长哄小孩子的妹妹，有个做菜很好吃的姐姐；有个做事认真到钻牛角尖的妹妹，有个爱干净到有点洁癖的姐姐；有个很爱讲道理的妹妹，有个去哪里旅行都会给家人买东西的姐姐；有个疼我的妹妹，也有个疼我的姐姐。

我小时候，真的不喜欢她们。

但越长大，我却越爱她们。

永远爱她们，永远之后还有永远。

两小无猜

✽与　路

灯光暗下来，在众多的八卦里，智哥突然讲起那个已经远赴贵州的女子。他虽然没有说出她的名字，但我知道那个人就是我所认识的樱桃。所有了解这个故事的人都为此感到惋惜，要知道她虽然才十六岁，可是却早已在县城名声大噪。

樱桃很早就学会了特立独行，她总是出其不意，显得跟所有人都不一样。当时县城的女生间有一种潮流，她们用毛线把橡皮筋缠成五颜六色，然后用来扎马尾，颇有点醒目和俏皮。但很多人都在做的事情，樱桃不屑去做。她会冷不丁地剪一个蘑菇头，然后旁若无人地走过县城里比较脏乱的那些街道。

她知道坏小子们都在看着她，但是她并不感到害怕，仿佛这一切跟她没有什么关系。女生们也爱看她，却是用一种愤恨不平的眼神盯着她看。然后你猜怎么着，转眼间那些愤恨不平的女生也一个个顶着蘑菇头出现了，而且都神气活现，仿佛那是她们自己的发明。

我和樱桃认识的时间很早，那时候她还没有学会涂口红和画眉毛，只是一个小女孩。当我听智哥说起她的时候，我们已经有近十年没有见过面了。但她的样子一直留存在我的脑海里，在岁月斑驳的背景下显得异常清晰，像海平面上升后淹没在海水中的一座孤岛，像荒径里被杂草遮蔽的一株非洲菊，像夏天夜空中藏在屋檐后面的一颗星。

第一次见樱桃，是在那年临近除夕的一天上午。从县城回来的客车停在老核桃树下，樱桃从车上跳下来，在熙攘四散的乘客中打量着周围的一切，身后站着她的妈妈。那是一个光鲜亮丽的女人，身材高挑，穿着一件棕色的长款呢子大衣，大衣下摆露出一截纤细的小腿，脚上蹬着一双高跟尖头的皮鞋。旁边一个男人从车腹的货箱中提出两大箱行李，虽然一眼也能看出他身上的穿着与小镇上的人物不同，但是却有几分狼狈和灰头土脸，这个人是樱桃的爸爸。

当时我正拿着一截拇指粗的青杠木，准备做一张弓，幻想用它来射兔子或者麻雀。核桃树旁边的小卖部是我家开的，店外聚集了两桌人在打麻将，看的人比打的人更多。人群中有眼尖的，看见樱桃一家人从客车上下来，朝里喊了一句，大家就都转过头来看，里面有熟识的就开始跟樱桃她爸打招呼。牌桌上一个人站起来，这人比我爸还小两岁，但是论辈分我得管他叫幺叔公。他走过去把行李接过来，引着三个人就过桥往河对岸去了。

镇子的街道沿着一条小河的两岸铺展开来，街道不长，到老核桃树这儿就算是街尾了，所以往返县城的客车都在这儿停靠。说是河对岸，但因为这条河实在太小了，岸边的房屋临水而建，只在靠河一旁留出一条过道，隔岸相对的两户人家相距也不过十多米。

“妈，今天到幺叔公家的是什么人？”我本来想问那个小女孩是谁，但是又不好意思开口。要知道，有时候大人笑话起小孩子来，简直毫无半点道理可言。好像就因为你是小孩子，所以你就活该作为大人取笑的对象。

“那个啊，论辈分，你应该叫他三叔公，他是你幺叔公的堂兄弟。”

第二天早上起床，我打开二楼卧室的窗户，看见樱桃站在桥上，小河里一群大白鹅正从桥下游过。她捡起桥边的碎石子朝水里扔去，鹅群吓得四散奔逃，然后她便咯咯大笑起来。我捡起窗台上一粒干掉的青冈果，也往水里扔去。她抬起头见我正在看她，然后我们就这样认识了。

我和樱桃一起出现在镇上的时候，还是被大人好好取笑了一番。我当时一定是脸红了，感觉像有烧得通红的木炭在眼睛下面烤。樱桃倒是显得很大方，虽然镇上的那些人她一个也不认识，但她都能坦然地跟他们打招呼。

大概是因为镇子里就只有我们两人年龄相仿，所以很快就能玩到一起去，并且有一种相见恨晚的感觉。樱桃带给我关于县城的一切想象，原来县城的孩子长这样，干净，大胆，她的鞋子仿佛永远也不会沾上尘土。我带着她领略野孩子的世界，那些以前我只能一个人玩耍的东西，现在都可以带着她一起。

冬天的河水清且浅，螃蟹在淤泥里冬眠，只露出依稀可辨的眼睛和蟹背。我找来一截废电线，剥出里面的铜线，弯成鱼钩的形状，用透明的胶线往鱼竿上一绑，吃过早饭就带着樱桃沿河出了镇子。

“这样就能钓到螃蟹？”樱桃将信将疑地跟在我身后。松软的河岸上很容易就踩出深浅不一的脚印，她每走一步，都踩在我留下的脚印里，并以此为乐。

这时节的螃蟹智商极低，只要看准它们在水中蹲伏的位置，把空钩垂放到附近，轻轻抖几下，它们便傻乎乎地伸出钳子来把钩夹住。这时候只要线不软，一直往上提，螃蟹便不会放手，任由你把它拉到岸上来。樱桃大为不解，觉得这些螃蟹真是笨死了。每钓上来一只螃蟹，她都很兴奋，尖叫着把网兜打开。但她又很害怕螃蟹高举着的那双大钳子，就用手举着网兜尽量朝我的方向送，头却向后扬得远远的。

网兜很快就装满了，螃蟹在里面抱成一团，沉沉的，樱桃提不动了就换我来提。冬天的河岸，野草一半枯萎，一半还带着绿色。草丛中偶尔会有一两株木贼草，顺利躲过了冬天的严寒，还在坚强地矗立着。樱桃很快就发现了这种草的有趣之处，她把两株木贼草合在一起，夹住眉毛，木贼草就吊在了她的眉毛上，显得滑稽又可爱。

她就这样走回镇子，两条眉毛上都吊满了木贼草，还逢人就向他们炫耀。樱桃她爸正在核桃树下打麻将，同桌的都是同他一起长大的儿时玩伴。虽然他后来读书有了出息，到了县城工作，现在是一家连锁药房的经理，但是回来仍能和这些人耍到一起去。镇上的人都说三叔公这个人不忘本。樱桃的妈妈本来也站在旁边观战，一看到我们回来，就到桥头截住了我们，一把将樱桃拉了过去。

“你跑到哪里疯去了？弄得满脚都是泥，还有这眉毛上，都是些什么鬼东西？”

我一看樱桃的鞋上，果然沾满了河边沤湿的泥土和一些杂草，便有种大祸临头的感觉。她妈妈把她搂到怀里，取了她眉毛上的木贼草，全都扔到河里，然后带着樱桃回幺叔公家里去了。临走她还转过头来看了我一眼，那眼神里满是嫌恶。

按理说，我应该叫她三叔婆，但我想她应该不太会喜欢这个称呼。所以在见到她仅有的几次里，我从来没有这么叫过她。即便她嫁给了一个从小在镇上长大的人，也并不会因此就轻易属于这里。

我提着一网兜螃蟹在桥上站了一会儿，觉得百无聊赖，没有了玩耍的兴致，就从桥头旁边的石梯子下到河边，把螃蟹一个一个捉出来扔回到水里去。正好母亲下到河边来洗菜，看见了便问我：“好不容易捉了这么多，怎么又全放掉了？”

“冬天的螃蟹太瘦了，吃起来没有搞头。”我闷闷不乐地回答她。

中午母亲做了酸菜鱼，这本是我最喜欢吃的一道菜，如果让我敞开肚子吃，我一个人就能吃掉一整条鱼。但今天的鱼和酸菜吃起来都寡淡无味。

“妈，你这鱼是不是忘了放盐，怎么吃起来没有味道？”

“放什么盐，这酸菜腌的时候盐放得重，拿来做鱼时不放盐，咸淡正好。”

这时候我爸开口了，他看了我一眼，说：“这孩子怎么今天魂不守舍的？”

我三两下扒拉完手中的小半碗米饭，也不管撒到桌上的比吃进嘴里的还多，把碗一放，跑到楼上卧室关了房门。

我想睡一会儿午觉，在床上翻滚了好几个来回，还是觉得不够自在，就又出了门。我从镇头走到了镇尾，又从镇尾走到了镇头。镇上的人家都在为过年做准备，有的在河边清洗家里的厨具，有的在张罗着除夕夜的吃食。所有人都在忙碌着，仿佛就只有我一个人无所事事。一直晃到了天黑，我才慢慢走回家。

打麻将的人早已经散了，我爬到桌上将麻将摆成宝塔的形状，塔尖出现了一个跳跃的红月亮，大小跟豌豆差不多。顺着夜色中的红色光束望去，一个瘦小的身影在对面三叔公家的楼上朝我挥了挥手，然后消失在了窗户后面。一分钟后，樱桃出现在我的面前，往我手里塞了个东西。我拿到灯光下一看，是一支子弹形状的激光笔，旋动笔头，可以打出月亮、星星、小圆点等不同的图案来。我打开笔，在她的额头上打了一颗星星，她手里还留有一支，便在我的额头也打了一颗。

此后每天晚上我们睡觉前，都趴在楼上的窗户口，用激光笔互相打着玩。图案就那么几种，我们轮流变换，仿佛是在交谈。我们乐此不疲，直到樱桃妈妈用半带呵斥的语气叫她去睡觉才罢休。

除夕夜，大人们吃过晚饭，就守在家里的电视机前看春节联欢晚会。征得大人们的允许，我和樱桃每人手上拿了一支点燃的竹立香，去桥上燃放一些危险性比较小的烟花。绚烂的火花炸裂开来，在熄灭前的瞬间，照亮了河面，也照亮了我们的脸。这种转瞬即逝的感觉，浓烈，激荡，足以诠释世上所有不期而遇的欢娱。

烟花放完了，我们也没有觉得失落，就挥舞着手中还没有燃完的竹立香，兴奋地在桥上发出毫无意义的怪叫声。香灰的气味在空气中一直弥漫，似乎永远也不会消散，仿佛第二年的除夕我们站在桥上时还能闻到。

来年除夕，此景重现，我却生出那个年龄无法理解的隔世之感。虽然时间只隔了一年，但是樱桃却突然长大了许多，大到我们再也不能一起疯玩，只能静静地站在桥上，手里的竹立香也不能再疯狂地舞动起来。

这次回来的只有她和她爸，而且是在除夕当天上午才到的镇上。我以为一切都会和以前一样，兴奋地跑去跟她说话，向她吹嘘我用细竹削成箭头，有一次差一点在林子里射中一只野兔。当然这个表述有点夸张，当时我只是发现了野兔的一个洞穴，根本来不及把箭射出去，只能遗憾地望着它在逃跑时给我留下的潇洒背影。她听完后只是轻轻地“嗯”了一声。在我看来，这与其说是在回答，不如说更像是一声叹息。

晚上，我拿了一把仙女棒和一支点燃的竹立香过去找她。仙女棒这种烟花那时候刚传到小镇上来，也许樱桃在县城已经玩过了，但是我仍然希望她能喜欢。

我并不是有意要偷听，只是走到窗边时，樱桃和她爸正在屋里说话，就不由自主停下了脚步。

“爸，你能不能不要和妈妈离婚？”我只听见樱桃说了这么一句，便吓得赶紧退到了桥上。对于小孩子来说，离婚是洪水猛兽，它会吞噬掉你的父亲或者母亲，然后把你暴露在周围人怜悯的目光中，打上孤僻和怪异的标签。

我在桥中间站了好一会儿，一直等到樱桃她爸从屋里走出来。他站在河边，然后招手叫我过去，把樱桃也喊了出来，让我们一起去玩。

我把一支仙女棒塞到樱桃的手里，帮她点燃。她就任由它燃烧，怔怔地看着那一团火花亮起来，又怔怔地看着它熄灭。

等那一支燃尽，她把我带出来的仙女棒都要了过去，在桥头找了处泥土松软的地方，团在一起插在了地上，然后点燃。一大股刺眼的火苗从地上蹿了出来，持续了几秒钟又迅即矮了下去，留下一堆红通通的东西在那里明明灭灭，像黑暗中跳动的心脏。樱桃站在旁边呵呵地笑着，她的眼睛湿润，如同桥下的河水。

大年初一的白天，我一整天都没有看到樱桃的身影。我在家里翻找出了樱桃去年送我的激光笔，笔身上锈出了绿色的纹路，放得太久，已经没有电了。父母正好送了我一块电子表作为新年礼物，我把表的后盖撬开，取了它的电池给激光笔装上。晚上，我打开激光笔，朝对面的窗户晃了几下，樱桃出现了。我用激光笔一通乱照，红点在她脸上晃了又晃。她趴在那里，下巴耷拉在窗沿上，像只受伤的小猫，没有给我半点回应。

“明天我带你出去玩吧？”

“去哪里？”

“一直沿着河往下走，有人在那里发现了一座庙,很久之前建的。”大概半年前，有一群学地质的大学生来到附近，他们在下游的某处河湾扎营，进林子里拾干柴的时候，在一处山崖上发现了那座庙。镇上几个年龄稍大一些的孩子已经去过，回来讲得神乎其神，说庙里许久没有人住，但是站在庙的大厅正中央，可以听到老和尚念经的声音。

樱桃迟疑了一会儿，回答说：“明天再看吧。”

第二天一早，樱桃和她爸就离开了镇了。

不久之后，樱桃爸妈离婚的消息也传到了镇上。幺叔公家的人一说起这件事，就像家里遭贼丢了东西般失落。从那以后，樱桃她爸隔几年才会在过年的时候回来一次，樱桃却再也没有回镇上过年。

小学毕业以后，我去了县城上中学。县城很大，人很多，人与人之间因为千奇百怪的事情产生联系，组成一张复杂的关系网，各种消息像瘟疫般在这张网里蔓延。有些事情你不用刻意去打听，自然而然就会跑进你的耳朵。

偶尔听在县城长大的同学说起樱桃，我只是静听，从来没有突然跳出来，跟他们说这个人我是认识的。在他们越来越多的谈论里，樱桃的美丽与日俱增。唯一没有变化的是她的冰冷，她对所有接近她的男生都不屑一顾。不仅是男生，她也不热衷于和女生交朋友。正因为如此，一直以来虽然关于她的流言很多，却都像是漂在水面的浮萍，浅尝辄止，没有谁真正了解更深的水底有些什么。

智哥说起樱桃远赴贵州的事情时，也满是诧异和不解。那个绰号叫黄四的男子是个社会青年，比樱桃要大整整五岁。一个女生在十五六岁的时候恐怕还不懂得真正的爱情，却无端被一个游手好闲的人吸引，开始和他出双入对。就是在这时候，她学会了在脸上涂抹各种各样的化妆品。见过的人都说她还是好看的，只是不再是原来的那个她了。

智哥住我对床的上铺，他仰望天花板，用手拍着床沿，叹息道："她是真的漂亮，跟着黄四去贵州，可惜了。"他的手仿佛打在我的胸口上，发出的咚咚声震得我头晕耳鸣。

想到樱桃，我感觉胸口涌上了一口痰，卡在喉咙里，上不得上，下不得下，被折磨得整晚都睡不着觉。

那年的除夕，樱桃她爸又回到了镇上，还带了一个女人，据说是他工作的那家药房的员工。有人问起樱桃对这位后妈的态度，以及她怎么没有跟着一起回来过年，三叔公就顾左右而言他。话题本来已经转移过去了，他自己又主动绕回来，说樱桃今年被她妈妈接到外婆家里过年去了。过了几日幺叔公家的人在闲聊时说起，樱桃这孩子真可怜，亲妈跟一个男人跑到马来西亚去了。

考上大学离开县城之后，我就没再听到过关于樱桃的消息。一个儿时的玩伴，长时间没有人在你的耳边提起她的名字，渐渐也就淡忘了，就仿佛这个人从未在你的生命中出现过，偶尔闪回在脑海中的画面也仿佛是梦的残片。若再不相见，那于你所在的世界而言，这个人跟凭空消失了没什么两样。

有一年的九月，我因为工作去昆明出差，住在滇池附近的一家宾馆里。忙完手上的工作已经是傍晚时分，信步走出宾馆的大门在街上闲逛。那时节重庆的暑热尚未完全消退，但昆明白天下了雨，到晚上已经很冷了。我沿着两旁栽满菊花的道路往前走，来到了一所大学的围墙外面。那里摆了很多小吃摊，摊前大多人头攒动，排着长队，唯独一个卖煎饼果子的摊位前冷清得很。摊主年龄与我相仿，正埋头玩手机。

我在她的摊位前停留了一下，她抬起头来看了我一眼。灯光下，她额前的短发在脸上投下阴影。我蓦然觉得这张脸有种熟悉的味道，若干年前的那个早上，我推开窗子，看到的那个站在桥上的身影又再次出现在我的脑海里。我内心强烈地感觉到眼前这个人就是樱桃，但时隔多年，并不敢立即就确认。迟疑片刻，我要了一套煎饼果子，加火腿和肉松。

“你认识一个叫樱桃的姑娘吗？”

“不认识。”

“她跟你长得很像。”

“世界上长得相像的人很多，我未必人人都应该认识？”

她从胶桶里舀了和好的面糊倒在鏊子上，拿刮板抹匀了。她满不在乎，大大咧咧。一颗鸡蛋磕碎了摞在变干的面皮上，蛋清慢慢就变成了白色。我看见她在空中肆意挥舞着手，粉末四散。仿佛怕灰烬落不到正在制作的煎饼上，她还很潇洒地多抖了几次。

煎饼装袋之前，她腾出手来，把手指伸进鼻孔搅了搅，然后用同一只手按住裹成长筒状的煎饼，咔嚓一声切成两半，像扔垃圾一样装进塑料袋。我接过她推到我怀里的塑料袋，打开，狠下心放到嘴边，牙齿和煎饼接触的刹那，就止不住地干呕起来。我知道我失败了。她突然大声吼道："你吃啊，你怎么不吃？"

周围的摊主都停下手里的活计来看着我们，买东西的人们也看着我们，气氛一时之间变得非常尴尬。我胸中有不平之气，也顾不上付钱，扭头就走。走到宾馆门口的时候，心里却又后悔起来，觉得很多话和事情都没来得及说清楚，便又折了回去。煎饼摊已经不见踪影，抓了两个刚才看热闹的摊主打听，谁也不知道她住在哪里。再细问，便说她是一两年前才来到这里，一直都是一个人，平时也不跟周围的人打交道，生意做得不温不火，养活自己大概没有问题。据说她在搬来之前有过一个男人，这个人没什么正经工作，一天到晚帮人去收账，后来出了事。

这次的遭遇像一根刺扎进我的身体，穿透皮肉，伤及骨髓，怎么也拔不掉，就渐渐和骨肉长为一体了。不动则无恙，但偶念及此，还是会有隐隐痛感传来。

镇上来了新镇长，这个人突发奇想，想在河流下游发现古庙的地方修一座堤坝，蓄水之后发展乡村旅游。镇子沿河两岸的地段都在淹没范围之内，必须进行搬迁。小镇这些年走出去的人都赶回来看它最后一眼，在母亲不断的电话催促之下，我也回了趟老家。

街坊四邻久别重逢，再分开又是各奔东西，有可能此生不复相见，于是便依依话别，言不尽兴，大家又自发摆起了流水席。席间，我见到了樱桃。她带着一个两岁大的孩子，丈夫也在身侧，是一个做茶叶生意的云南人，听说和樱桃一起回重庆开了家店。樱桃十分自如地与镇上的老居民交谈，仿佛她并不是那个在小时候过年时才偶尔回到镇上的小姑娘，而是土生土长在镇上的。我们点头微笑，这是仅有的问候。我想眼前这个樱桃脸上有笑容，几年前在云南见到的那个人还真不一定是她。

席散后，我回到老屋，把小时候玩过的东西都清理在了一个纸箱里。樱桃送的那支激光笔也在，表面完全锈成了绿色，我找了块新电池装上，不亮，看来已经彻底坏掉了。

浮云车站

✽ 孟一柯

少年时的我

黑暗中，林忆楠感觉到身旁的李洛在哭。事实上，她们并不算熟稔，不过是普通的同事关系，被安排一起出差，晚上的时间恰好都空下来，便结伴来看了一场电影。

是最新上映的青春片，海报里，正下着一场雨，少年男女互相依靠，青春就这样湿漉漉地落在雨里。

林忆楠没料到这部电影会让李洛哭得那么凶，起初她只是遮着半张脸，微微抽动肩膀。到了后来，她已经是双手掩面，隐忍的抽泣从指缝间漏出来。

她们走在散场人群的末端，隔了一会儿，林忆楠半开玩笑似的问李洛："以前你读书的时候没遇到过校园霸凌吧？听说现在这种事情有很多。"

李洛的情绪已经恢复，但整个人还是有点恹恹的："我还好，读的学校一直都很普通，身边也都是些平平凡凡的人，没有这样的经历。"

"大部分人都是这样的，读平凡的学校，谈平凡的恋爱，对方也是平凡的人，一起过平凡的人生。"说着，林忆楠想起刚才看的电影，由衷地慨叹，"尽管这样，大家都还是想拥有一个特别的人。"

路灯将树影映在沿路的墙上，影影绰绰的，衬得夜很静。

她带着林忆楠走了一条很安静的路，月色温柔，马路上很少有车经过。李洛告诉她，这是老城区曾经很繁华的一片区域，是全国有名的数码一条街。

"我的大学就在附近，上学的时候这一带很热闹，我还在这边打过工。"李洛说道。

林忆楠四下打量了一圈："这里应该有很多电子大神吧？"

她没有直接问李洛刚才看电影时为什么会哭，却又忍不住好奇与猜测："从前你喜欢的人也在这里吧？"

话一出口，林忆楠便觉得冒失，瞬间就后悔了。但李洛却表现得很坦然："你刚刚也说了，谁都想拥有一个特别的人，当然也包括少年时的我。”

洒落的奶茶

确实，承认想起谢远并不是一件难以启齿的事情，何况这次重回玉松街，前尘往事扑面而来，想起他简直就是一种必然。

几年前，李洛刚进大学不久，家里便出了变故。母亲投资的理财项目爆雷，赔得血本无归。起初打电话回去的时候，李洛还努力安慰父母："不要慌，大不了从头开始再攒，你们尚且身体健康，没什么好怕的。”

后来她才知道，在高额利息的诱惑之下，母亲不仅投进了家里所有的积蓄，甚至还向亲戚借了一大笔钱。投资平台垮掉后，父母的生活也一下子垮了下去，两个人无心工作，无休止地埋怨对方，再不断地向女儿倒苦水。

“生活真的很脆弱，一瞬间就能被击毁。”李洛和高中的朋友在通电话时说。同时，她开始打听兼职事宜。

第一份工作就在数码一条街的便利店，去报到的时候才知道那条街叫玉松街。便利店不大，就开在本市最大的数码城的侧门处。

谢远曾经跟她说起过："你那天刚来的时候我就注意到你了。”

“人来人往的，你注意我什么？”

“你那么心不在焉，我就想着，这个倒霉鬼肯定会遇到小偷的。”

第一天工作，她确实时不时地走神了。那天正是学校社团和学生会招新的日子，班级群里大家都在兴致勃勃地讨论着，只有她仿佛置身事外，与整个世界脱节。

但根本来不及悲伤，生活总还是要过下去。兼职的工作没有什么难度，虽然数码城往来的人很多，但店里的生意一般。穿过一扇玻璃门，最近的店铺是一家手机维修店。店面是半敞开式的，入口处的工作台那里总是坐着一个戴口罩的少年，对着显微镜，头也不抬地修手机。

那便是谢远，那是他最初留在李洛心中的样子。即使戴着口罩，她也能感觉到那是个清爽的少年，额发垂在浓眉上方，眼神专注，与周围的喧嚣格格不入。

某天下午她来换班，在维修店前撞到了一件与“做生意”无关的事。

一个穿藕色连衣裙的女孩正站在工作台前，将一杯插好吸管的奶茶递给显微镜后的男孩。但谢远并未领情，即刻起身把奶茶给推回去："谢谢，但我们是做生意的，钱也收了，不用这么客气。”

仿佛有种预感，李洛觉得那杯可怜的奶茶得洒。果不其然，在被不解风情的男孩又一次退回的时候，奶茶洒了，随即掉落在地上，顿时一片狼藉。

李洛和谢远的目光没来由地对视了一下，她这才清楚地看见他的脸，也瞬间明白为什么总有年轻女孩过来找他修手机。

少年的心气

玉松街收工很早，工作日期间，到晚上八点店铺大多就关门了。有一阵子李洛上晚班，刚好搭最后一班公交车回学校。

某天临近打烊的时候，谢远匆匆推开店门进来问："另一扇玻璃门还开着吗？我想回店里取件东西。”说完，他指了指对面的手机维修店，正式介绍了自己，“我是隔壁店的，叫谢远。”

通向他店里的门已经上锁了，见李洛面露难色，谢远取出钱包打开，作势要掏些什么：“真不骗你，你不信的话给你看我的身份证。”

“但我马上要下班了……”李洛有些为难。

“保证不耽误你的下班时间。大家也算是邻居，行个方便吧。”

行方便的结果就是李洛下班迟了十分钟，错过了最后一班回学校的公交车。夜色下，她在公交车站台边犹豫了片刻，最终决定步行回去。走了几米后，她听到后面有人在喊，那一声“嗨”被夜拉得好长。

是谢远，他很快跟了上来：“刚刚谢谢你，你怎么回去？需要我送你吗？”

她当然拒绝了这份殷勤，却没料到对方会这样坚持：“你是学生吧？哪个学校的？我帮你打个车……”

“真的不用。”说完李洛觉得有些好笑，觉得自己很像那天拒绝奶茶的谢远，“学校不远，就两站路。”

“得，还是我送你吧。这夜深露重的，万一有个什么闪失。”说着，他忽然踢飞了一个易拉罐，罐子划了一个弧度撞到了路边的墙上，发出清脆的响声，在夜晚显得格外刺耳。

李洛条件反射般打了个激灵，没有再推阻。

谢远便跟在了她后面，和着她的节奏忽快忽慢：“你放心好了，我不是什么坏人，送你纯粹是表示感谢。你看，我都不关心你叫什么……”

“李洛。”她简洁地打断他。

他在后面顿了一会儿，带着笑意说：“我这个人记性差，即使告诉我，我也很快就会忘了。”

他话可真多，李洛想着，脚步却轻快了许多。到了学校门口，她正要走进大门的时候，谢远突然叫住她：“李洛。”

李洛疑惑地停下来：“你不是说你很快就会忘记吗？”

“我是强迫自己暂时记住的，”他飞快地想了个理由，“因为我想请你帮我介绍生意，如果你有同学要修手机，可以介绍他们去玉忪街找我，我很有名的。”说最后一句话时，李洛分明在他脸上捕捉到一丝得意的神色，那是属于少年的傲骨心气。

“好吧。”李洛回复。

他仿佛松了一口气，随即展颜一笑，又打了个清脆的响指：“那我把号码留给你吧。”

奇怪的自尊

关于谢远的工作，李洛了解的并不多，甚至在两个人熟识后，她所知道的，也只来自他人零星的谈及。无非是年纪轻轻，他已经是玉忪街修手机最好的人，损坏再严重的手机，拿到他这里，也总能找到解决的办法。

李洛曾经问过他：“天天对着显微镜累不累？”

“当然累了，这一行做到后面，很多人都失明了。”

见李洛神色一变，他很快正色道：“乱说的，哪有那么惨，做这一行的最后几乎都开店了。”

对李洛来说，谢远的话大多真假难辨。从留号码那次开始，每逢李洛晚班，他都会留在店里加班，待到最后便收拾东西和她一起走。两个人总是一前一后，总得找些话说。

有一次李洛想起那杯泼洒的奶茶，好奇地问他：“你为什么不接受别人的好意呢？奶茶是你故意弄洒的吗？”

“因为不想让对方伤心，你大概不知道，给我送奶茶的女生可不止一位。”

“那又有什么了不起呢？”奇怪的自尊心突然之间攥住李洛的心绪，谈话的兴致大减，他们又不自觉地退回各自的世界中去。

就这样过了很久，新学期李洛选修了晚上的课，不能再晚上去店里了，于是便打算向店长提调班，谢远听她说起后问：“你们这些大学生，不是应该做些更高级的工作吗？比如说教别人念书。”

李洛一愣，她身边倒是有些同学在兼职做家教，但是李洛认为教书很难，要承担太多责任。她没想到谢远会这样说，忍不住怼了回去：“工作的本质都是一样的，哪有什么高级与低级的区别？”

谢远从货架上取了一盒红茶来埋单，一边指了指自己玻璃门外的商铺：“你看清楚点啊，怎么没有区别？你看，推销员、店老板，不同的工作，区别很大的。”

李洛指了指自己：“你看，收银员。”又指了指他，忍俊不禁：“修手机的，没区别，都很瘦。”

谢远咬着吸管：“概括精准。”说完，他瞄了一眼外面，扬了扬下巴：“喏，程叔又来了。”

程叔是数码城的老朋友，退休多年，常在此出现。他是一位新晋摄影发烧友，总是一身马甲和工装裤打扮，背着一个卡其色的白金汉相机包，里面是最新款的单反和价值不菲的镜头。每次有新相机上市，他总是很快赶到，问的第一个问题永远是：“机器成像怎么样？”

谢远曾经和李洛吐槽过他，都已经老花眼了还玩什么摄影，不就是岁数大了寂寞呗，这儿人多热闹。

程叔先是去和熟络的店铺老板寒暄，聊了一轮下来无人可说后，便踏进便利店。他在货架前徘徊了很久，一直没有过来结账。谢远这时已经准备返回店里，突然听到对面的李洛低声叫住了他。

他注意到她陡然变化的神色，立刻往她的方向探过身子。李洛注视着手边的监视器，用唇语很慢地对他说：“程叔在偷东西。”

那时他们尚且年少，并不知道要如何去恰当地处理这件事。这是谢远第一次见到李洛惊慌失措的样子，他当机立断把手中喝了一半的红茶掷在地上，大叫了一声：“你们是怎么给饮料加热的啊，烫死了！”

李洛一时间没回过神来，他又转身走到程叔所处的货架附近：“这是你们店员的失误，得赔偿，我现在要重新拿一盒常温的。”

后面的声音李洛就听不到了，她在监视器里看到谢远笑着与程叔偶遇，两个人谈笑了几句，他凑近了把程叔马甲口袋里的润喉糖掏了出来，很自然地放回原处。

三个月之约

后来谢远和李洛说："程叔的老伴去世了，就在便利店发生的那件事不久以前。那件事过去后，程叔已经很久没来数码城了。"

他们俩都有些说不出的怅然，这里本就是城市鱼龙混杂的一角，再怎样曲折的人事都不会那么震荡人心。但他们无疑都能懂得一些程叔故事里的孤独感，仿佛某种奇特的暗号一般，在同一时刻传导到他们心里。

但生活并不允许她沉溺在这样的情绪里，她仍旧要在换班后匆忙赶回学校上课，即使在公交车上也要拿出书本温习。不用再走夜路之后，她和谢远共处的时间少了很多。偶尔她会在工作的时候抬起头看向他的工作台，他始终低着头，在玻璃门外，像是戏剧里的人物。

直到那次她在学校图书馆，下楼时不小心摔坏了手机，拿去学校的手机维修店修理，对方试了一下后果断回复："摔得太严重了，这手机没法用了。"

这时，在一旁贴膜的店员建议道："你可以去玉松街碰碰运气。"

于是手机被拿到谢远面前，他佯装惊喜："你果然帮我介绍生意来了！"随后很快就把手机拆了，"摔得很严重，得换些东西，你介意吗？或者考虑直接买台新的？"

"不介意，换吧，速度快一点就好。"

他让她在旁边的凳子上坐一会儿，然后便开始修理手机。李洛注意到谢远的头顶上方也有一个摄像头，站在工作台边可以很清楚地看到员工工作的过程，以防修理过程中调包配件。

他们确实很忙，店里还兼卖手机，一直有人过来询价，谢远大部分时间默不作声，只是偶尔应付一两句，话说得滴水不漏。后来他不堪其扰，果断拿着手机躲进了内间的工作室。

两个小时后，李洛的手机修好了："严格来说，只是组装好了，我换了一些零配件，原本的数据都没办法保存，只能凑合着用。"谢远把手机拿给她。

"这也太新了，维修费太贵我怕付不起。"口里虽然这么说着，李洛还是坚决地让他报价。

"做你的第一笔生意，费用好说，质保三个月，三个月后再付款也不迟，你顺便利用这段时间攒点钱。"

时间不早了，谢远对李洛说："我待会儿要去你们学校附近办点事情，可以顺路捎你一程。"

他不知道从哪里搞来一辆旧本田，白色的，很久没洗的样子，正懒洋洋地停在路边。上车后他淡淡地解释，自己很久以前就开车帮哥哥送货了。前两年哥哥做生意亏了钱，把手里所有的资产都拿出来抵债了，包括那辆不值钱的小货车。

"我哥最初混玉松街，就是靠那辆货车发的家，钱财来去都很快，现在我已经很久没见到他了。"

李洛坐在后排，看了看手中修好的手机，一时间不知该如何接话。她犹豫着是否要分享自己家的遭遇来安慰他，但又觉得俩人在一起比惨实在是没意思。再抬头时发现他正透过后视镜看着自己，她便也以同样的目光回视他。

空气里一时间充满了暧昧。

你相信吗？在某些时刻，两个人的眼神是可以进行对话的——

我喜欢上你了。

我知道。可是……你可不可以不要点破？

修正的告白

“三个月之后，你付给他维修费了吗？”临睡前，林忆楠好奇地问李洛。

“没有，三个月后便放寒假了。大学的寒假假期很长，等我再回到玉松街时，他已经不在那里了。”

林忆楠讶然，在床上辗转反侧许久，忍不住问：“你没去找他吗？哪怕是问问数码城的人，总能找到下落的。”

“我问过，大家也没明说。他失联有一阵子了，和他相熟的人暗示说是因为受哥哥债务问题的牵连。我那时才知道，他比我还惨，从小与哥哥相依为命，书读得不错，却早早地进入社会……”李洛黯然地盯着天花板，“到了大三，我就没再去便利店了，一位学长帮我介绍去了学校的图书馆勤工俭学。最后一次去数码城，谢远的老板跟我说，那天谢远交还给我的手机并不是他修理后的，而是他去里间拿了一部新机，稍微调置了一下后给了我，而我居然也蠢得没有察觉。”

“他为什么要这么做？”

“不知道，在一些人看来，谢远是个怪人。老板说我那部残破的手机最终被谢远修好后自用了，而我并不知道。”

“李洛，你还想见到他吗？少年时喜欢的人，很多都是念念不忘的。”

“其实已经过去那么久，久到我已经想清楚，少年时喜欢的人就是要用来失去的。”李洛撑起身子关了灯，当一切陷入黑暗之中时，焦虑渐渐浮现出来。她思忖着自己为什么会在电影院失控哭泣，究竟是出于对谢远的思念，还是电影唤起了她对过往贫穷与孤独的惊惧？

其实大学毕业前的某个傍晚，李洛独自去了一趟玉松街。那时候她正在两份工作之间犹豫，也很清楚如果征求父母的意见，他们肯定会让她选钱多的那一份。

她大学四年参加的集体活动很少，人际关系淡薄，一时间找不到其他人倾诉。

她从学校走到玉松街，曾经经常等公交车的站台已经拆了，在离数码城不远处设置了一个临时车站，等后面新的路线规划好便停用。

有很多车从那个车站往来进出，恍惚中李洛看见一辆白色的破旧本田从里面驶出，驾驶座上是个戴黑色口罩的少年。

她几乎要激动地叫出声，想立刻冲到他面前，修正那个晚上没有说出口的告白：“我喜欢上你了。”

“我知道。我也是。”

临时车站建得比较粗糙，车辆开得太快容易带起阵阵烟尘，那辆白色的旧本田很快便从李洛面前掠过，车上的人并不是谢远。

深邃的图腾

大学毕业已经三年，李洛过得一直不算开心。自工作以来她总是非常勤勉，工资有一大部分用于补贴家用。即使是换工作，她首先想到的也是卡里的余额是否可以帮助妈妈应付生活。

她的社交依旧不多，没有再遇到过心动的人。

很多时候她都会想起谢远，他的模样渐渐在她心里固化，变成图腾。她会想他要如何应对那糟糕的亲人关系呢？他们都是心软的那一类人，肯定做不到一走了之，慢慢也就活成了亲情的奴仆。

她也会想，谢远为什么没有去找她呢？有一天她倏然明白，有些人即使喜欢一个人，也想保留住自尊心，不想以狼狈的面目示人。

那就再等等吧。她想。

就这样等了几年。

差旅的最后一天，工作已经全部完成，林忆楠提议和李洛分开行动，各自再逛一逛："我顺便去买点特产，你想想看有没有什么旧友需要拜访的。"

"我的故事你已经知道了，在这里没什么朋友。"李洛苦笑。

"那就再去一次玉忪街吧，不要留遗憾。"

李洛想到自己前两天遗失了一副蓝牙耳机，正打算重买一副："行，那我去买副耳机。"

出门打车，司机告诉她："今天玉忪街那里限流，新的公交车站建成投入使用，那边的商家趁机造势，搞酬宾和抽奖，人很多。"

"我记得以前那里是个临时车站。"李洛说道。

"还不是因为玉忪街没落了，不像以前那么热闹了。那边的人想要做生意，所以对于在市中心建车站也没有意见。"

没落的玉忪街依旧勃发着生命力，穿过满大街商品的传单和广播声，李洛挤进了卖耳机的柜台。她低头看了一会儿样品，始终没有柜员过来接待。

"打扰一下，请问这个耳机的降噪功能怎么样？"她指着一副耳机努力向店员询问。但很快，她的声音就被淹没了。

"降噪的话，你可以看看这一副。"这时，她眼前出现一只手掌，手指修长又有些苍白，筋络分明。

过去她曾多次凝视过这双手。

他们从汹涌的人群中躲开，踩着满地彩色的广告纸走到路边。谢远指着数码城说："你发现了吗？便利店还在。"

"我也在。"李洛说。

经年不见，他又长高了，双眸依旧闪亮："真是太巧了，我也在。"

这场奇遇让人一时之间变得木讷，李洛深吸了一口气："可是，今天我就要走了。"

"没关系，我有你的号码。"

"你还有我的旧手机。"

"嗯，你还欠了我一笔修理费，加上利息，也是一笔不小的费用了。"谢远说，"这几年流落在外吃苦头，就想着等以后跟你索要一笔大的。但现在不急了，我也在这条街开了店，你可以找到我了。"

他们经过新的车站，关于车站，过去李洛想到的总是离别。可原来，它也可以是重逢的载体。

"通往我大学的车还有吗？"

"有的，你想去吗？我送你吧。"就像以前晚归时那样，他自觉地站到了她的后面。

浮云悠悠，这世间总有美丽的再相逢。

想念

✲ 伊朝南

不知从什么时候开始，我不断地做相似的梦。在我上学的时候，在我辞职的时候，在我恋爱的时候。但这一切该如何归因呢？

1 起初

事情是这样的，申建一欠我 100 块钱，好一阵子了。我发现他没有还的意思。昨天晚自习扔了个纸条给他，约他出去吃烤肉。他竟然问谁请。

我都气笑了，说我请。他接到纸条立马往外走。

走到小树林旁边我越想越气，我怎么总遇见这么不要脸的人，就在路边捡了块砖头把他拍倒在地。他倒地后还不知道悔改，骂我是不是有病，我又踢了他几脚，也可能是踩了几下，记不清了。

以上是事情的全部过程。

反省：我认为这件事非常具有教育意义。它告诉我们，借了钱一定要还，如果不想还，要好好说，说人话。“借钱的是爷，要钱的是孙子”，这种明显找打的话尤其不能说。至于恩格斯经济支援马克思，梵高的弟弟出钱养梵高这种故事，糊弄谁？你不是马克思也不是梵高，懂吗？写个破作文张口就是“谁的父亲死了，请你告诉我如何悲伤”。当谁没听过李志呢。画画提笔只会画丁老头，丁老头不是鹅蛋脸吗？画那么方正是不是手残？好意思叫人物速写？就这能耐，装什么天才，凭什么我的一百块钱得在你身上打水漂？

总结：借了钱，一定要还。还不上就别借。

我们班主任焦黑炭——外表其实没那么黑——看完我的检讨，鼻子一哼，把纸放到办公桌上，说：“你好赖也是个高中生了，写的这是啥？是让你自我检讨，不是让你检讨别人！”

就这检讨已经费了我四节课的工夫，但我没说，跟他说不着。

我心里冒火有好长一段时间了。只要我心里冒火，就想打人，边打边破口大骂那种。我觉得我对申建一算客气的——拍他一砖头，踢了几脚，或是踩了几下，仅此而已。我的意思是，做这些时我很沉默，只伤了他的身体，没从语言上再给他那不怎么样的心灵制造更多创伤。我第一回打人，感觉也就那样，打完并没有变得更轻松，心里还是很冒火。

焦黑炭按住脾气满怀惆怅地说：“检讨得重写，记住，是自我检讨，重点写你怎么认识自己的错误。你打申建一真的只是为了那一百块钱吗？好好问问自己，有没有为点儿别的？”

他说话时并不看我，视线集中在我身后。

我扭头一看，我爸不知什么时候坐在另一张椅子上。我觉得怪，可又说不上哪里怪。看到我爸时我感到一丝不安，仿佛整件事从一开始就破绽百出。

一百块钱也许确有其事。但打人？我不大确定了。

焦黑炭……我忽地想起来，他是我妈的表弟，也就是我表舅啊。表舅人不行，太抠太奸猾，得了我爸那么多好处，在我和我妈急需帮助的关键时刻，我打电话向他求助，他却拒绝了。拒绝的原因是，我一开口直奔主题提要求，都没先问候问候他这个表舅。

等等，他什么时候成我班主任了？

我的怀疑没有持续太久。因为事情还要继续。

我爸起身抓起我的检讨看。

“挺好的，”他说，“事情都交代清楚了，写得挺好的。”

焦黑炭有点吃惊，跟我爸讲道理：“你们这样教育女儿？她打人了！砖头！把人打伤了！让写检讨，满篇脏话。表姐夫！你还觉得挺好？”

“所以我说你看事情太片面，你捋一捋，她为啥打人？是不是那男生借钱不还在先。你当班主任的又是她表舅，这中间，你帮过她吗？”

“姐夫，一百块钱，多大点事儿。我看事情太片面？我看是你没弄清楚事情的利害关系。小宇，一个女娃娃，动不动拿砖头砸人，这是她未成年，她要是满十八，这是故意伤害罪。”

“动不动？她以前打过人？还是她学习不好爱捣乱？你怎么不问问她为啥要打人？”

他们同时扭脸看向我。

对啊，为啥啊？为啥要打人？为啥心里冒火？

我知道哪里怪了。我爸就是破绽，他不该出现在这里。

我说：“爸，你不该在这里啊，你知道的吧？”

我爸原本锋利的眼神，在我说出这句话后，霎时钝了。

我说：“爸，一百块钱如今对我来说已经不是小数目了，你知道的吧？”

我爸满脸悲伤，从座位上起身。

“我帮不到你啦！”消失之前他说。

焦黑炭笑我：“谁也帮不了你，你得自己帮帮你自己，忘了那一百块钱吧，给申建一当医药费。”

我打了焦黑炭。

心里的怒火在每一个殴打动作里翻涌，烧得浑身发烫。

挥拳，撕咬，抓扯，踢踹。

好累！原来打人是这么累的一件事。哪怕只是在梦里。醒过来我浑身酸疼，回忆这个梦，却觉得很舒畅。

现实中我的班主任姓张，我们叫他老张。老张确实长得黑，他给我换了同桌。然后找我谈话，谈了一个多小时，主要内容十六个字就能概括：高考在即，排除万难，收拢心思，全力备考。

重点在“排除万难”四个字上。我当然知道，不用他叮嘱。我学习不怎么样，不加把劲哪考得上大学。

考不上大学，我爸会失望的吧。这是我内心潜藏最深的想法。当然，我不会说出来。

2 经过一

我记得很多事情，不是每一件都会出现在梦里。

我喜欢香港明星，卧室的墙上贴满了明星的海报。我爸带我去买随身听，跟我讲条件，写完作业才能听。我用攒下的压岁钱买磁带，只买正版，九块八。我们班有些同学一周的零花钱才不到十块，但我从不心疼。

我爸翻我的抽屉。磁带一盘一盘翻过去，脸上没有表情。最后从一堆正版里抽出唯一一盘盗版磁带，那是我和同学一起逛街在路边摊花三块钱买的。他拿起那张盗版磁带说：“这个磁带买得还行，《绝代双雄》，不错不错，其他这些都是啥，光看名字都没劲。”

我说：“爸，那是《绝代双娇》。”

我爸定睛看一眼封皮：“啊，果然是俩女的。”

他态度不明地看我一眼，给磁带放回去。

那是小学到初中时候的事啦。高中我在家谁都不爱搭理，写着作业听着歌。我爸一猛子推门进来，这里看看，那里摸摸。

我把书合上，看着他在我屋里乱转。他停留没到一分钟，出门之前就敢评价我屋里弥漫的歌声，“软塌塌的有啥好听，这就是人常说的那靡靡之音”。他是笑着说的，笑容里有讨好的意味。

有段时间他跟我说话总带着那种笑容。后来我回想，那大概率不是讨好我，只是为了掩饰他自己的悲伤。而我恰恰太过年轻，于是一切主动的温柔被曲解为情感乞讨。

我拉着行李回家的那个凌晨，我妈电话打不通。她有晚上关机的习惯，我忘了这一点。门卫睡得也死，怎么砸门都不开。我只好从行李箱里翻出一件大羽绒服裹在身上，窝在大门旁边等着天亮。

睁开眼已是下午三点多。我没看表，判断时间靠的是一种直觉，以及周边的氛围。和其他时候比起来，这个时间被一种没意思的倦怠感填满。沿街店铺里的人昏昏欲睡，路上行人稀少。

然后我看到一个人从麻将馆里出来，迎面走向我。那是我母亲，她和几个街坊一起。这一切发生得非常快，我都来不及找地方躲闪。简直没有比这更惨的事了。直到片刻之后，她看着我问：“这个点你不应该在上课吗？”

什么上课，我上班都多少年了。但我没有纠正她，我说我胃疼，出来买药。这明显是胡话，学校门口就有药店。用指甲盖都能想到这话有问题，然而街坊们纷纷点头，有病是得吃药。我的母亲，她善解人意地说：“这样啊，我今天手气不好，身上的钱都输完了。”我说：“哦，那没事，买药我自己有钱。”

她满意地点点头，往不知道什么地方去了。

还有比这更惨的吗？我妈突然间不知去向。

有的。

我回家遇上我爸。他坐在客厅沙发上一边看电视一边刮胡子，看见我，漫不经心地问：“这个点你不应该在上班吗？”我说我请假去北京看演唱会了。我还花了快一个月的工资，当然了，瞒着我妈。

我爸善解人意地说：“哦，你又辞职了是吧？那你要回来住吗？”

这才是最惨的，我试图掩饰的窘迫从我的毛孔，我的声音，我的行李箱里渗透出来，谎话才一出口就被拆穿。

我忽然就哭了，我说：“对不起啊爸爸，对不起，我又辞职了！上班太难了，挣钱太难了。我太没用了。”

我一边哭着一边觉得哪里有点怪。

我爸站起来，说这世界上的事，哪件不难呢？

这世界上哪件事不难？

问得好！

但我确定，以前没这么难的。以前是什么时候？上辈子吧，大概。哪里怪怪的。

我爸放下刮胡刀走进那间屋子，打开抽屉指着满满当当的磁带说：“九块八一盘，多贵啊，你把它们挂网上卖了换钱呀。”

可一转眼抽屉就空了。对哦，那些磁带我早就扔掉了。自从电脑上可以下载歌曲，自从有了MP3。自从我毕业，开始居无定所，不断搬家。我需要减轻负担轻装上阵，磁带是最早被丢弃的。留着有什么用呢？早就不是随身听的时代了。

看着空掉的抽屉我知道哪里怪了，我说：“爸，你不该出现在这里的呀？”

我爸在抬头的一瞬间消失了。我在失落中醒来。又是梦一场。

3 经过二

“如果有人问你谈过几次恋爱，你就说两次，一次和我爱的人，一次和爱我的人。这是标准答案。我不相信爱情有标准答案。我希望我的每一次恋爱都直接到达第三次：两情相悦。我抱着这种心态爱上的你，你爱我吗？为什么你总是一副心不在焉的样子？”

我的男朋友不大耐烦。

“你到底想我怎么样？”他问。

这就很没意思了。我们还在热恋期，但他却问我想怎么样。相爱的两个人不该是心有灵犀，一切尽在不言中吗？

我的男朋友说他很专一，我说：“当谁不了解你呢，你换女朋友最快的一次只用了一周，这叫专一？”他点头，点得很真诚。

“我对每个女朋友都很专一，”他说，“我只是换得勤，但我对她们都是真爱。”

他对我也是专一的。我俩谈三个多月了还没分手。但我很累，总担心哪天他突然说：“要不，咱俩算了吧。”我曾经见他对两个女生这么说过。

我从没想过我们会在一起。直到有天他说他想要一段稳定的感情，说完目光灼灼地看着我。我被那道目光钉住，挪不动脚，张不开嘴，心跳得百十来斤体重都压不住，身体像跟着心脏的节奏在弹跳。脑子里白茫茫的只有一个念头来回闪——我是什么时候爱上他的？

我爸跟我深谈了一次。他坐在我对面，直到他开口，我才意识到我一个人滔滔不绝说了很久。很久只是一个时间概念，因为除了最后一句话，前面说了些什么我没一点儿印象。

最后一句话是我问他：“你给我的嫁妆准备得咋样了？”

我爸像话在嘴边备了很多年只等我问。“早跟你妈说过了，新崭崭一辆小轿车至少的。”我爸说，“但我感觉你现在这个男朋友人不行。”

我说：“还可以其实，又不是第一回谈恋爱，我心里有数，你不用操心。”

我爸说：“但这是你第一回问我嫁妆准备得咋样了。”

我说我就问问。

我爸说：“年龄确实也到了。但我的意思是就算一辈子不结婚，也不能跟这个人结婚。”

“你每句话都有个但是，转折用得太多，我不喜欢。”

那个惹人讨厌的我跳出来，把音响音量调到最大，歌里唱：可是为情奉献/让我觉得/自己是骄傲的/伟大的。

我爸的嘴巴一张一合还在说话。不用

听我也知道他是在努力说服我放弃我的爱情。后来他就哭了，歇斯底里问我为什么非要跟他在一起。

一句话翻来覆去地问，问得我心虚，问得我不得不反省，这个男朋友，我有那么爱吗？我们足够相爱吗？两个问题都有明确的答案，而那答案正是我清醒时不敢深想的原因。我不是第一次谈恋爱，电视剧也没少看，两情相悦是什么样子我是知道的。我忍不住哭了。

男朋友问我做了什么梦，哭得一抽一抽的。

我跟他讲了讲，他听完不说话。隔几天约我去吃饭，吃到一半他说："以前我跟人聊天，聊到过做梦。关于梦，她说过一句话让我印象很深刻。"

"什么话？"

那天男朋友看我的目光一直凉凉的，说那句话的时候眼神是冰的。

他说："梦里的每个别人其实都是你自己。"

我这个男朋友真是有点高级，分手都分得这么文艺。我甚至到饭吃完都没反应过来。

分手的阵痛中，我还在回忆那个梦。如果男朋友说的那个理论是真的，梦里的每个别人本质上都是自己，为什么那么多人我不选，非要我爸成为那个存在？

4 经过三

跟我关系要好的人事部同事小李悄悄告诉我："你们部门这次晋升名额本来是你的，但有人在大领导面前力保另一个人。"

她说出一个名字——是平时跟我瓜葛不多的男同事的名字，她说："保他的人很有分量，我跟你大致透个底，你自己知道就行，有个心理准备。"

让煮熟的鸭子飞了——我能眼睁睁看这种事情发生在我身上？

这世上没有人是完美的，尤其是那位男同事，风评简直差劲。搜集他黑料匿名发给纪检部门不难办到。到头来部门的晋升名额还是给了我。

升职宴上，同事们齐声祝贺我，小李趴在我耳朵边低声讲："没想到你挺会使暗招，你这样跟那些不择手段的人有什么区别？"

我笑，身在江湖，暗器也是兵器，暗招也是招，能赢就行。

小李问："这是你想要的赢吗？"我点头。

我留意到小李的目光变得疏离，她是我在公司唯一算得上朋友的同事，她的目光让我知道我要失去这个唯一了。可人生就是这么回事，有得必有失。无论如何，升职让我很开心，主动被动喝了很多酒。不知什么时候，昏沉沉进入梦境。

天怎么就黑了，谁也没留意。虽然是高手，但寡不敌众，我一直在找地方躲藏，我需要一个帮手，一个就够了。我在树上窝了好一阵子，殚精竭虑，试图想出一个能帮上我的人。然而我想不出来，或者说每一个我想到的人都被我否定了。

好像很久很久之前有人这么说过，"除

了你自己没人能帮你”。

躲下去不是办法，我知道。我必须找到正面迎战的方式，或者说，勇气。而我更需要的是，一个强大的动力去寻找这种方式，或勇气。

树下已然洪水滔天。向下的路已经断了，除了往上爬，我没有别的选择。这时我只能主动出击。我穿着用树叶做的衣服，冲了出去。敌人成批倒下，我和洪水的距离越发遥远，往下看，像深渊。敌方在洪水中截住一具棺材。看上去很重，打捞上来费了一番人力。又似乎很轻，其中一个人轻而易举便把棺材向我这边扔过来。

我应该感到害怕，但我没有。

像一些武侠剧里演的那样，棺材在空中炸开，在爆炸声和烟雾中，一个人腾空而出。

“爸？”我惊讶地叫出声。

他一只脚借力还未来得及掉落的棺材，跃身跳至我旁边另一棵树端站定，神态从容。

“别喊，”他说，“别泄露了我们的关系。”

“你是高手吗？”我问。

“对付这些虾兵蟹将，我是绝对的高手。不过，”他补充道，“他们手里有枪，我那些招数恐怕不管用。”

“时代变了。”

“时代变了，”他感叹，“我帮不上你了。”

“爸，你知道的吧，现在我也是个高手啦。不用你帮我，你只需要坐在那里看我怎么赢。”

他看着我，眼神和笑容都带着一点狡黠。

“我知道你是个高手啦，可你知道吗，输也是可以的，输在任何时候都是被允许的，输几次不会死人的。”

我说：“可是，我活着不是为了不死而已。”

我爸沉吟良久，又说：“你要这么想，输有时反而是种赢。万事取决于你看待的角度。”

我不耐烦地反驳他：“我最烦这种毒鸡汤，最烦这种阿Q式的精神胜利法。赢就是赢，输就是输。既然有能力，我当然要一直赢。”

“你不懂。”我说。

我爸就那么在树顶站牢，看着我，什么话都不再说。那个眼神很熟悉，一瞬间像是小李附体。

我在那个让人懊恼又心悸的目光中惊醒，四周一片漆黑。伸手扭开床头灯，我和衣安然躺在床上，身上搭着不知何时盖上的薄被，身边依然空无一人。

5 接受

我的第二十六次相亲，再次以失败告终。

我跟我妈一年见不上几回。打电话一般都为相亲。回回相完，亲事没成，她都要跟我闹一场，这回也不例外。见我油盐不进，她开始对我进行人身攻击：“都是你，挑三拣四挑肥拣瘦挑红拣绿的，现在好嘛，把自己挑剩下，多大年纪了嫁不出去，让那些居心不良的人上赶着看我的笑话。你知道人家咋说，人家说就是你这种人，阻碍了社会前进的脚步。”

我疲于应付，开始信口胡诌：“我跟你们这些庸庸碌碌的无名之辈不一样，我在这个地球上有更伟大的使命和任务。”

“啥任务？”她问。

“拯救地球，拯救人类！”我语气严肃认真，“你现在看我跟平常人没啥两样，那是因为地球目前没有危险，人类也没到千钧一发需要我出手的时候。”

我妈沉默着挂了电话，很长一段时间没有再打给我。

真是清净啊。

有天夜里，我加完班十点多吧，我妈打电话来，说：“你把你的时间我的时间都给荒废了。我像你这么大的时候，你都上小学四年级啦。你在人生这条路上，走掉队了，现在就是开着摩托追都追不上。”

最后她说：“你活得也太失败了，我都替你觉得失败。我天天睡不着觉时就在想，这到底是你的失败，还是我的失败？”

她若是跟我吵跟我闹，我能打起十二分精神跟她对抗。可她从头到尾语气平静，让我感到一丝凉意。即便我能说尽天下道理，也战胜不了来自我妈发自心底的，对我的失望。

我能改变的事情太有限。这和我从前想的不一样。拯救地球拯救人类当然只是个笑话，可我要的生活是自由自在，无拘无束。事到如今，必须得承认我只是个普通人，活在各种各样迫不得已的局限中，被安插在各种各样身不由己的赛道上。

我掉队了吗？

是的，这节车厢里都是掉队的人。

我从座位上站起身看了看，车厢一共就我们三个。除了我，还有一个中年男人和他十来岁的女儿，他们身边有个硕大的行囊。

“叔叔，”我问那个脸型方正的中年男人，“我们这是去哪里？”

“回家。我们出来了很久很久，该回家了。”女孩说。

“在哪一站下呢？”我问。

他们看着我像看怪物。

“这辆车不靠站的，”男人说，“严格来说这实际上不是一辆车，是时间本身。等时间带我们追上大部队，跳出车窗，我们就能回家。”

“那要多久？”

两人沉默着。

我留意到说话的工夫，男人鬓角长出了几根白发。女孩的身体也略略丰满了点。

黄昏到来之前，中年男人背上那个硕大的行囊，做好跳车的准备。一瞬间，他神秘地跟我讲：“我们跟大部队交汇的时机只有一瞬间，你得牢牢抓住这一瞬间。所以我背上行囊的时候，你也要背上你的书包。懂了吗？”

他说：“所有的事情都可能是假的，但日落的方向不会骗人。那是每个活人前往的地方。你懂了吗？跳车的时机，只会发生在黄昏。”

此后的每一天，都这么重复着。每一天他都会变老一点，十几天之后，一直照顾我、陪我玩的女孩也长到我可以改口叫阿姨的程度。只有我还是小女孩的模样。

他们似乎不在意这些，他们执迷于车窗外不断变换的环境，等待跳出车窗回家的时机。

“火车提速了。”女孩说。

她说话时，她的父亲正第三次尝试背起行囊。

“你的爸爸，”我提醒她，“可能背不动这个包了。”

“提速了。”女孩无视我的提醒，固执地对她的父亲说。

她的父亲已经苍老得直不起腰，沉默着和那个硕大的行囊做斗争。他额头的皱纹像水波一样缓缓蔓延至整张脸。五个小时，三个小时，一个小时。他正在以这样的速度老去。我也迅速从童年、少年、青年，来到成年。而对面的女孩已经是个中年女人了。我忽然明白她说的提速是指时间在倍速叠加着向前流动。如果我在童年停留了十来天，那么少年只停留了两天，青年一天……我忽然感到害怕，女孩父亲的一生就这样过去了，在我们跳车之前，他不再有机会追上大部队。他每天为背上行囊所做的一切准备，到头来只是一场徒劳？也许几个小时，甚至一个小时后，我就会见证他的死亡。

这列车，对他们父女而言也许是时间的具象，对我而言不是。对我而言，这列车是死亡的具象。在死亡面前，生命没有目的，没有目的自然没有所谓掉队一说。

只是人的一生竟这么轻易就度过了。遗憾、后悔、苦楚、伤痛，统统都会随着时间淡化，然后消失。但引起遗憾、后悔、苦楚、伤痛的原因，永远不会消失。时间残酷地从每个人身上碾过，又似乎从未介入过任何人的生活。

我感到恐惧，对即将见证的匆匆而来的死亡，对这个无法逆转的过程，对这个父亲的结局，对我父亲的结局，对时间的不可操控而产生的无边无际的无助和颓丧。

我感到恐惧，这恐惧迫使我醒了过来。

时间还早，而且不会提速，时间从未介入我的生活。我松了一口气。我还有机会去做一些回想起来会让我感到欣慰、愉悦、甜蜜、自信的事。即便有一天这些情绪逐渐淡化、消失，但发生过的事不会消失，它们会在我身上留下痕迹。

6 永恒的

那是十月中旬吧，连续下了好几天雨，气温骤降。我在凌晨五点多醒来，感到一丝凉意。下床从衣柜翻出毯子，叠盖在薄被上，重新躺下，很快再次入睡。于是，我做了那个梦。

梦里每个人都在，我是说我的家人，每个都在。场景是冬日午后温暖的客厅。人们围着茶几，或坐在沙发上，或席地而坐。每个人怀里都抱着柔软的靠枕，喝茶，喝咖啡，闲聊。屋里的气氛就像靠枕一样，软而暖。

这个梦似乎从开始之前就是这个样子，很短暂又像持续了很久。祥和，幸福，圆满。

问题就出在这里，太圆满了。

我的生活千疮百孔太久太久，这种圆满即便在梦里也显得过于突兀。我立刻意识到哪里不对。我看向坐在一侧的父亲，他在聊天。跟谁聊天不重要，重要的是他不该在那里。所以我说："爸，你不该在这里，你知道的吧？"

他看向我，温和地笑着，并不说话。

我说："爸，很久之前，就是……我刚上高三那年，你就去世了，你知道的吧？"

他没有像最初那些梦里那样，在我戳破真相后立刻消失。他仍然端坐着，仍然笑着。所有人都在，所有人都听不见我的提醒。氛围还是很融洽。祥和，幸福，圆满。

我又觉得这样也挺好。活得糊涂一点，自己骗自己，骗过一时是一时。就像他去世很多年之后的梦里，我不就没再质疑过他的存在，没再跟他说过："爸，你不该出现在这里啊。"

可注定要回到寒冷之中的人，必须拥有拒绝欺骗性温暖的理智。我必须得戳穿——只有我能为我的醒来之后负责。

我提醒他："爸，你真的去世了。"

更像是在提醒自己，我说出一些细节来巩固这个现实："你去世后，我同桌申建一天天在我耳边唱'谁的父亲死了，请你告诉我如何悲伤'。还在我的草稿本上画人脸，说那是你的遗像。我每天都想打他一顿。可我根本不可能打得过他，只能忍着。最后还是你给老师们请的那些饭局起了作用，班主任察觉到了什么，给申建一调了座位，教导主任还找他父母谈了话。这是你去世后我经历的第一件大快人心的事。当然了，你的钱也有不管用的时候，像我表舅焦陆，人长得挺白心却那么黑，他从你那得过多少好处，结果你病重时他跟我妈说，世道艰难，谁也帮不了你们。你去世后不久他就像避瘟神似的跟我们断了往来，我还给他起了个外号——焦黑炭……"

我跟我爸说着，一边隐约听见窗外的雨声，觉察到窥伺良久的寒冷，随时准备破窗而入——只要我醒来。因为太想从梦中挣扎出来，我的意识抗争着，一半浸在梦里，一半挂着现实。忽然一个念头闪过：我人生寒风的来处——那个堵不上的缺口，不是我的父亲。那个缺口，是任谁都无法克服的，对已故亲人的想念。

出于想念，我以我的方式邀请我爸参与或见证着我一路走来的每一个，或无助失落，或志得意满的关键时刻。而那一个又一个被我收藏起来的，他参与其中的梦，又在我陷入想念之痛时反刍回来，疗效显著地抚慰过我。

随着时间拉长，世事变幻，随着我的成长和心境的改变，附着于想念之上的情绪，愤怒、不甘、后悔、遗憾、惋惜，渐次散去，只剩下最本质的想念本身。

我随即意识到这梦中，在我面前的不是我的父亲，或者说不仅仅是我的父亲，他还是一个词的具象，这个词就叫作：想念。最本质的想念。因此无论我多么冷静，多么固执地试图戳破看似圆满的幻境和假象，他都始终端坐，不会消失。就像一个人对已故父亲的想念，不会消失。

因此，我闭上了嘴。

最好的他们，我也曾有过

姬霄

我是个性格孤僻的家伙，朋友少得可怜。

我曾经最好的朋友是我的小学同学蝈蝈，他姓郭，跟我是邻居。读书时我的性格还没现在那么怪，比较外向活跃，他就显得特别木讷。尽管他人比我高出半头，但挨欺负的却总是他。

寒假的最后一天，我和他狂补假期作业，我用一个 32 开的小笔记本写，他用 16 开的大作业本写，一开始还没区别，写到后来，同样的进度，我一本快写完了，他才写了小半本。最后的结果是我俩都没写完作业，他却被老师批了一顿，因为老师根本没耐心检查，只是随手一翻。我那本写得满满当当，他那本呢，就只有可怜的十多页。老师还拿我来当模范，点着他的额头骂，“看看人家，再看看你”。我当时面无表情，心里掀起山呼海啸般的狂喜。

我们那个小县城三面环山，环境闭塞，统共就那么些人。各家属院的小孩儿各自抱团，院间偶有摩擦，就会用打架解决，一代代传下来，这就成了历史遗留问题。

比如我们财政局家属院跟隔壁的税务局家属院，就是世仇，虽然谁也不知道这仇是打哪儿来的，但就是一见面就掐，看到隔壁院有人落单，我们就一哄而上将其乱揍一顿。隔壁院当然也不肯示弱，雨天用泥巴，晴天用水枪，你来我往打得不亦乐乎。

有一段时间，小学生流行背人打架，就是双方各自背一人，背人的叫马，坐在上头的叫将，比赛看谁能把对面的将拽下来。蝈蝈人高膀宽，力大如牛，我瘦小，背起来不耗体力，我俩就是绝世好搭档，常常把隔壁家属院的人打得稀里哗啦。

后来有一次大对决，我俩成了主要攻击对象，被对面五六组人围攻，我见势不妙说赶紧跑，他偏不跑，硬扛，我回来一看，他肚子上被踹出好大一片淤青。

我说："你咋不懂见机行事呢？"

他说："打架可以输，咱们院的志气不能丢。"

我听了肃然起敬。

等到上了初中，蝈蝈忽然变得勤奋起来，常说我们已经是大人了，不能再荒废学业了。我听了不以为意，那会儿我还能仗着小聪明考到全校前十的好成绩，而蝈蝈的成绩一直在三五十名开外。他不跟我玩，我就天天跟其他小伙伴钻林子挖地瓜，我们发明了很多新鲜的玩法，比如用白酒瓶的铁盖子穿上铁丝，杵在自然课用的酒精灯上烤爆米花，或者去桑树洞里刨出只通体漆黑的怪虫，吓得女生尖叫连连。蝈蝈则岁月静好，抱着课本独来独往的，像个书呆子。

有一次他不知什么原因得罪了隔壁班的混混，对方约他放学后去操场，要揍他。要是单挑的话，蝈蝈能一个打仨，但那个混混正好跟我很熟，我知道他们向来喜欢以多欺少，就亲自带着蝈蝈去打招呼。那混混其实也是跟我们一般大的孩子，见我在，也不好意思动手了，寒暄几句，和和气气地放走了我们。

回家路上，蝈蝈推着自行车对我说谢谢。

我踹了他一脚说："你跟我有啥客气的，我们是朋友啊。"他迟疑了一下说："你跟那混混不也是朋友吗？"我忽然站住脚步，郑重地说："那怎么能一样，我们是最好的朋友！最好的，就是谁也比不上！"

昏黄的路灯下，我清楚地看到蝈蝈的眼睛亮了一下。

蝈蝈和我的同学关系一直维持到初中毕业，高中时，我俩去了不同的城市，因为住校，见面次数越发少了起来。起初，我们还互通书信，畅谈一番身边的新鲜事，后来各自被学业整得焦头烂额，自顾不暇，关系就慢慢淡了下去，高二一整年都没怎么联系。一直到了高二期末，我因为跟人打架，被学校通报开除。这大概是我这辈子做过的最愚蠢的事了。蝈蝈从他父母那里辗转听到我的消息，写信说要来看我。我也没当回事，那时我已经被停课了，每天别的同学去上课，我就在宿舍里睡大觉。

那天一睁开眼睛，刚好看到他正端坐在对面下铺的床头，阳光照在他的米色长裤上，把他的肤色衬得更黑了，他又长高了不少，跟个篮球队员似的，脸上还多了几颗青春痘。我们相视一笑，又沉默良久，他连续“呃”了几声，仿佛想要找些话题跟我说，但又不知道说什么。不长不短的两年时光，让我们变成了连客套话都不太会说的陌生人。我只是隐约知道他目前的成绩不错，进入了重点班，于是恭喜他。他没有接话，只是问我以后打算怎么办。我告诉他，父母计划让我复读一年。他点点头，不再接话。又过了一会儿，阳光从他的裤子挪到了水磨石地板，他站起身整了整衣服说，他该走了，只跟老师请了一上午的假。我含糊地应了一声，连床都没下，他就掩上门离开了。

等他走后，我盯着他留在下铺的一塑料袋旺旺仙贝发呆，这才回过神来，他的学校离我们学校有三个多小时车程，他应该是赶了最早一班的长途汽车来找我的，现在还要坐三个小时车回去，而我连午饭都没留他吃一顿。那个时候的他是那种完全不跟差生厮混的优等生，每天只知道抱着课本苦读，却为了我，专程翘掉了一上午的课。

那一刻，我忽然有点难过。我想起初中毕业那天，我把自己收藏的所有纸牌、小浣熊旋风卡，还有砸扁的瓶盖送给蝈蝈做留念，他虽然收下了，但细细想来，他根本不需要那些破玩意儿，我们早已是两个世界的人了。尽管他仍努力地把我当最好的朋友，但我们再也不可能像从前那样肆无忌惮地打闹说笑了。

那一年，我换了所高中复读，蝈蝈考去了北京。我们的世界愈加远得遥不可及。过春节时他放假回来，我们约到一起吃饭，席间他眉飞色舞地说着大学里的见闻，宿舍里的死党，我只是埋头吃菜，一言不发。其实，我也不知道说什么，复读的时光就是三点一线，乏善可陈，哪比得上大学自由。我也清楚地明白，未来的路上，我和他都会拥有新的朋友，同样会彻夜畅谈酩酊大醉，同样能肝胆相照两肋插刀。只是，只是“最好的朋友”这个称呼，再也不会像那盏路灯底下的话语那么笃定了。

有段时间特别流行一个话题，叫作“我与最好的朋友是如何渐行渐远的”，很多人提出因为所处环境的差异，导致双方的资源、见识、三观产生隔阂，你说的我听不懂，我说的你想不通，最后想谈心却变成敷衍，想亲近却化作寒暄。但我在想，不只是客观条件在变，更多的是自己也在变，不是变好或变坏，而是变得不像自己，有许多事不再像从前一样坚持，看待问题也不再像从前那么绝对。

在那个长大的我们心中，再没有什么是“最好的”，因为相信未来总能遇见“更好的”。

我们总在不停生长，被动地成熟，有条不紊地失去。

终有一天，你会拥有许多无法言说的秘密。这些秘密包括：“我是最棒的”“她是我最爱的人”“我们是一生的兄弟”“最好的朋友”。于是曾经和你朝夕相伴的人，伴随着天真的言语，泯然相忘于江湖。到头来，留你踽踽独行天地，默默嗫嚅一句：最好的他们，我也曾有过。

万家灯火，一盏归我

世间所有的爱都指向团聚，
唯有父母的爱指向别离。

舅舅

✲ 肘子非子

8 月 25 日中午，一通电话告知：舅舅独居的一楼小屋敲门无人应，邻居已经几天没见他进出，屋中传出的腐臭味一天比一天浓重。

居委会通知警察，警察联系了我爸。

我爸立刻把情况告诉我，让我在家等消息，警察已经在去现场的路上，待入室检查。我忽然发现自己置身一个空洞的房间，仿佛被隔离在世界的边缘，一切悬而未决。此刻，我妈正在旅游的路上，按计划是三天后到家。我外公外婆二十年前先后故去，他们育有四个子女，只有我舅和我妈存活下来。在当时那个多子的年代，这家人实属人丁不旺。

舅舅近两年会在每周一上午来找我妈聊天，然后一起出去散散步，进入夏天以后，因为怕热他就宅在家中避暑，阶段性地不出门。夏季，也是我妈最忙的时节，她退休后一直带着一个绘画兴趣班，几次想停办，但出于家长的热情延续至今，八月中旬暑假班结束，我妈赴同事之约出门旅游。

半小时后，我爸再次跟我联系：人

死了，腐烂了。

他让我先别把事情告诉我妈，眼下先要开死亡证明，然后找相关机构把人从房间里运走。邻居已经怨声载道。他让我继续在家等，自己去我舅妈家，告知他们情况。

舅妈与表弟住在闸北。几年前，舅舅被他们娘儿俩从住了半辈子的家中赶出，是我妈帮他物色了一间老房子安顿了下来。

舅舅性格懦弱、孤僻，没有朋友，是个屡受欺负不敢作声的老实人。工作时他在人群中孤独，回家后在家庭中孤独，我妈是现在唯一能陪他说话的人，缘于血亲和少小成长的信任。他需要亲情但更习惯逃避，面对我也不自在。几次去我妈家，正逢舅舅来串门，他总没说几句就要匆匆离开，我邀他再坐下聊一会儿，他始终执意要走。

待人走后，我妈说："你在，他就不自在。"

"以前他不会这样啊。"

"老了更孤僻。"

舅舅只在面对孩童的我时才能自在，当我成年后，他觉得自己又老又没用，总觉得我不喜欢和他浪费口舌，凡有此举必是施舍，他感谢但是逃避，特别敏感。

舅舅年轻时在一家大型国有制造企业里看厕所，舅妈做油漆工后转看浴室。他们结婚后和外公外婆住在一起。后来有了我表弟，五个人挤在20平方米的空间里。夫妻俩经济上实行AA制，但是舅舅每月要向舅妈缴纳一笔工资，比例不详。此外，舅舅负责买菜做饭，花费从工资自留部分出，双方各洗各的衣服。

婚后舅妈经常回娘家住，口头原因是娘家离单位近。直到老宅拆迁，分了楼房，一家三口才长期住在一起。那时，外公外婆到安徽投奔我妈，几年后我们也举家迁回上海，外公外婆便又同舅舅舅妈住过一阵子，不久先后因病去世。

此前，碍于安徽与上海的距离，我们见面的次数很少，十几年中不过见了三四回。某次暑假，我随母回沪探亲，舅舅陪我们玩了几天。年轻的他话不多，更多是陪伴和做向导。冰激凌、冷气和动物园是我对那个夏天的印象。

"安徽没有的东西"和"舅舅所能提供的好处"，通过几天的陪伴汇总到"他"这个载体上。

在返程的江申轮船上我大哭不止，撕心裂肺，不愿舅舅离开。舅舅在一旁尬立，不知该用何表情，不知该说何言语，待我纠缠半天有所懈怠时借机走向码头。在座的旅客们都赞叹这场面，说我长大后一定会孝顺舅舅。很多年后我经常会回忆起这一幕，那样的痛哭在我的成长中屈指可数。

待我们迁居回上海，我和舅舅的接触才开始以年计次。我对他的需求早已不如当时，他跟我妈聊点柴米油盐、父母子女，偶然问问我类似学习、理想之类可能他自己都无所谓答案的问题，来应对相处的尴尬。有时，他会说说上海的交通、城市现状。在那个没有网络的年代，作为从小生长在这个城市的人，这可能是他除了聊柴米外唯一可以输出价值、表达热情的话题。

也是在那个阶段，舅妈一度出现了精神问题，她总说单位里有人跟踪她，听见隔壁有人议论她。这种被害妄想持续了几个月，她被带去医院检查，服药几个疗程之后逐渐恢复正常。家里仍旧是以前的分工模式，两人各过各的，舅舅则承包买菜做饭、打扫卫生等家务，并上交部分工资。

表弟的学习成绩常年垫底，我们在安徽的最后一个暑假，我妈曾接他来辅导其功课。近距离观察，从我这个学渣的角度来看，他的认知能力已经跌破了正常值。他后来念了技校，毕业后在家一年也没找到工作，居委会先后几次帮他联系了几家超市的工作，但他隔三岔五就把活干砸，遭到辞退，再往后，便什么也不做，只在家喝酒、打游戏、囤积脂肪。

醉酒后，他总会抱怨自己的境遇，把原因归咎于陈旧的家具和毛坯状态的房屋。但扔掉旧家具，把房子装修翻新后，他又觉得是舅舅带来了晦气，于是开始动手打人，还扬言要把舅舅从六楼推下去。而舅妈也帮着儿子，指责丈夫窝囊无能。

舅舅被赶出家门后，舅妈隔三岔五过来索要他的工资。其时，舅舅已经因为在单位的日子不好过，接受了提前退休。

我妈说：“他们赶你，打骂你，不如离婚算了。”

舅舅却不愿意，他觉得维持现状还不错，至少有个人会跑来和他说个话。反倒是有个阶段，舅妈动了离婚的念头，天天催促，却又不知该如何操作。两人曾推推搡搡跑到法院去离婚，也不知说了什么，被轰了出来，从此便不再提及此事。

因为没人做饭，娘儿俩开始在家里囤积大量速冻食品。表弟更是整天只坐着打游戏，一动不动。

某日，表弟突然脑梗，好在程度不重。

我问我妈，舅舅对此做何反应。我妈说，他只当没有这个儿子，没有那个家。

舅舅曾说，年轻时，舅妈从没给他烧过一次饭，只在他被菜刀切伤手后洗过一双袜子，还收了十块钱。有一次，他胃痛得在床上打滚，让舅妈去楼下药房买一盒药，舅妈出去转了一圈，见胃药太贵，又空手回来了，叫他忍忍算了。至于儿子，喝了酒就要打他，还要把他从楼上推下去。

表弟出院后，又恢复了只打游戏的生活。而舅妈则开始对每天都吃的速冻水饺产生厌倦，想到了舅舅的好处，便想拉他回来。

舅舅说："我已经出来了。出来，就出来了。"

后来，表弟身上又发生过一系列荒唐的事，被骗婚，酒后闹事，又被拘留。而在这些事情上，舅舅全都没有露面。他心中有无波澜我们始终也不得而知。

舅舅每周会找我妈来说一次话，同时他又期待舅妈定时来上门要账，这样他就可以换个聊天对象。

作为聊天对象，舅舅是个令人感觉麻烦的角色，尤其在他老了以后。他知无不言，却言之无物，总是在重复一个内容。聊天，本该一来一往，但只要我妈说一句，舅舅就开始反驳，让她不知如何进行下去。同时，他还很在意对方的语气和反应。

每次陪护式聊天完成，我妈都要元气大伤。

舅舅长期生活在寂寞中，我妈和偶然出现的舅妈，很难满足他内心的诉说需求，于是独自买菜、散步时，他也试图找路人聊天，只是几番对话下来，总会招致路人的反感。长此以往，他便也放弃向外界求索。

如果不是我妈强求，舅舅的衣物基本没有这个世纪生产的。被硬施好意后，他一定会在事后用钱来清还这份好意，他是不能欠别人的，即便是亲兄妹。于他而言，这是尊严，是底线。那些后来陆续增加的新衣物，多数时间被搁置，直到旧衣物真的褪色，出现明显到他自己也无法接受的破洞才会被启用。有时在路上，我远远看见舅舅在路边缓慢地行走，像一块摇晃着的灰砖。

那年，我们想换房子，缺二十万，到处借不齐，舅舅知道后把不够的部分给补足了。每次我妈去看他，带点菜肉瓜果，必定会得到金钱补偿，他说他的钱用不完，不知该怎么用。我妈为防止自己被气出病来，便只收钱不理论。在舅舅走前，他曾透露过自己共有三十万存款。

舅舅拒绝的不仅是这个世纪的衣物，体检、空调、手机、网络他更是拒绝。他从来没用过手机，为了方便联系照顾，我妈多次相劝，却徒生一肚子气，撞一鼻子灰。

20世纪90年代初，我还能听到他给我们讲上海的交通地理，那时的他是上海通，有优越感。2000年后，时代的变化让他的优越感逐渐消失殆尽，他熟悉的地方已不是当年的模样，他了解的交通发生了革命性的改变。一个游客靠一部手机就可以畅行这个城市，他一个老上海人却不行。拒绝变化、拒绝新事物的性格让他退守到自己最后30平方米的堡垒里。

今年早春的某天，我妈领舅舅每周一例行散步时，带他走得远了点，进到一个陌生小公园。当时阳光温暖，叶绿花香，舅舅很喜欢那里，也喜欢上这种游玩，于是，从附近开始，他开始一周一次的郊游。那几个月里他破天荒跑了很多地方，流连在这个曾经熟悉现在又陌生的城市。

五月的时候，舅舅又鼓起勇气提议要去北京，想看看天安门和毛主席。这对他来说是开了此生最大的眼界，了却一个心愿。那次过程中，舅舅依然是敏感、固执的。但我妈说，整体游玩下来他很愉快，以后还想再去。

六月底，我妈最后去看了舅舅一次，接下来我们会很忙碌，舅舅也说他下周一就不来了，天开始热了，他不高兴出门，等秋天到了再来串门。

然而，他的秋天，没有再来。

我爸带着舅妈和表弟到了现场。我也骑车过去。一路上，我心律不齐的症状又开始了，脑子里浮现腐烂的腥臭味、肿胀发青的皮肤，还有那间屋子里舅舅蜷缩的躯体。我猜测他的死因，勾画已十多年未见的舅妈和表弟现在的样子，分析我妈知情后的反应。

经过那个熟悉的路口，我看到，楼的尽头，远远有一圈人围着。我从后窗绕到前门，现场和人群突然出现在眼前。正门口，有个老妇人戴着口罩弯腰打扫门口由验尸机构留下的一次性制品及外包装，那些纸制品牢牢地贴在雨后潮湿的地面上，她整理得很费劲。

我爸站在一边，满头大汗地在手机里急切地翻找着什么，他旁边还站着个男人，似乎是我表弟，寸头，很胖，比我最后一次见他时胖了有五六十斤。弯腰扫地的那个妇女，应该是舅妈，她老了，身形佝偻。

我伸手同他们打了一个招呼，没有得到回应。他们只是忙各自手里的事情。

周围是各种窃窃私语："很多天了哎……哎哟，这个味道……王老师家两个人脑子都不太好用。"

我被这些声音包围，仿佛被一个气罩隔离，世界和我关联很弱，内部有几个大气压。那个熟悉的门就在眼前，三米之遥，但形成了一个场，产生着排斥力，使我无法近前。

风起，一股浓烈的臭味扑面而来，无法想象，难以形容，这是我第一次的相关体验。亲人的遗体散发出腐臭，我脑海里只能调出他活着的面貌，高兴也好，苦闷也罢，都是鲜活的形象。现在，要把这些形象和这种恐怖的气味联系在一起，令人难以接受。

最后，那扇门，我始终没有进去，我爸也没有。

那对母子进去了，因为里面有遗物有证件，还有对他们很重要的存折。据他们说，舅舅在床上，发黑了，上身赤膊，穿着短裤。尸检报告上指明的死因只有五个字：非钝器致死。尸体经不住再存放，第二天先行火化，追悼会安排在火化之后。

他们隔天又来清理，因为居委会连续接到投诉，说气味太大，经久不散，仿佛人还在里面。

追悼会前一天晚上，我妈结束旅行回家。我和我爸提前到家，将饭菜简单摆好。

我问我妈累不累，她说还好，口气比较轻快，然后开始说起路上的趣闻。我们只是听她说着，没有作声。

她在讲旅游的事情时两次提到舅舅：这种情况下，舅舅肯定要如何如何。

我酝酿了许久，终于开口说："我们想跟你讲一桩事。"

"什么事情？"

我妈见我们表情严肃，也坐直了。

"舅舅没了。"

"舅舅没了？哦，舅舅没了。没啦？"我妈念叨着愣了三秒钟，回过神来。

我用最简练的语言，把情况迅速介绍完毕。在这个过程中，我妈始终手扶眼前的方凳子，前后摇晃，拇指则反复抠着面板。

我伸手去搭她肩膀，她晃开，说："我没事。"然后忽然加重语气说："他活该！追悼会我不去，你们也不要去。以前你舅妈诅咒他活不过父母的年纪，现在她咒到了，我去干吗！称赞她吗？你们也别去，人死掉后再做什么都是假的。"

她开始数落和埋怨舅舅，怪他一次次拒绝她的帮助，骂他拒绝变化、自暴自弃，太过顽固。说着说着，她又沉默下去，过了许久后，忽然说要是没去旅游就好了，这样她就会知道他出了事，会打急救电话，就算他瘫痪了也没什么大不了的，她可以去照顾。

我问她，追悼会真的不去吗？

她摇头："不去。"

她说她不要看死人，死人不是舅舅，二者之间没有关系了。

"没有关系了。"她说。

确实如此。

人死后，体循环停止，脏器不再向各处供能，大脑的化学反应随之结束。伴随着认知活动终止，曾经发生在那个人身上的恩怨、苦乐、荣辱、怀念或期待也全都一笔勾销。

就像那个夏天返程时，那个在江申客轮上突然转身的背影，跨过舷梯，消失在码头上。

他们俩

✽王秋璎

/ 1 /

父亲换了一张新电话卡，激活后发来的第一条消息是在凌晨四点多。

“悄悄跟你说个事，其实爸爸也是最近才刚开始长大的。”

看罢信息，合上电脑，我忽而察觉到自己的眼皮有些发抖。想起爷爷的葬礼后，母亲将我拉到一旁：“妈妈暂时不打算回去工作了。因为，下一个要轮到的，恐怕就是我的妈妈了。”

马尔克斯曾说：父母是隔在孩子和死亡之间的垫子，当父母离世后，再无所依的孩子就直接坐在了死亡上面。

父母为我们抵挡一切，包括死亡。

我发现我的父亲变了，的确是从他的父亲离开才开始的。

在我心中，父亲作为一个老文青、老男孩，大半辈子都在折腾，不问世事，不食人间烟火，不操心家中包括人情牵绊在内的一切细小事物，从来都是想消失就消失，不会给家里留下只言片语。

对于这个家而言，父亲就像《新写的旧歌》里唱的，更像个“若无其事的旁观者，刻意拘谨的旁观者”。

现在呢，一蔬一饭，事事留意。就连家中门框松动，都会自己来钉。换作以前，这是绝不可能在家里看到的景象。有时，母亲打视频电话来，父亲不是在厨房掌勺，就是在擦地、抹桌子、收拾家中的零碎物件。

在一个传统家庭里，父亲对于家务事必躬亲，的确是不常见到的。

上学时，母亲重病卧床，让父亲帮忙下楼扔个垃圾，姑奶一把夺过垃圾袋：“我来吧！里头有女人用过的那东西，男人碰了晦气！”以前从来都是默许这一切的父亲，现在完全改变了自己的说辞：“哪那么多讲究！还分什么男人女人，孩子离得远，家里就这么两个人，谁方便就谁做一下呗！顺手的事。少年夫妻老来伴，不就图个互相照顾。”

母亲将这话转述给我时，说“这是一个男人姗姗来迟的成熟”。

/ 2 /

我们家族的每一代人和父亲的感情都算不得亲近。若是严苛些，自是可以用“疏离”来形容：同住一个屋檐下，却从不知对方的喜恶，更不用说了解对方的心里究竟在想些什么了。

祖父和曾祖父如此，父亲和祖父如此，我和父亲也如此。

一直等到我念高二，父亲都不知道我究竟在哪所学校念书，学文还是学理。

一次，他去学校找我，背着手站在各个窗口望，逮人就问：“你们班有没有一个叫 ×× 的？”认识我的同学多番给他指路，他才能找到我。末了，他自己取笑自己：“复行数十步，豁然开朗啊。”

在我的记忆里，我和父亲唯一一次亲近，还要感谢学校安排的一次疫苗接种。

那日不知怎的，我对接种的疫苗出现了过敏性休克反应。父亲恰好来学校找我，看我倒在操场上，嘴唇肿得老高，浑身起了红色小疹子，他二话不说抱起我就往医院冲。在市附属医院，父亲将我放下来交给医生时，我的意识已逐渐回笼。父亲满头大汗，擦了擦额头，嘴里不自觉地嘟囔：“已经长这么大了？真是重了不少。”

那一刻，我心里不知该哭还是该笑，但的确又真切地感知到某种叫作幸福的滋味。

在父亲心中，我一直只是两三岁时候的样子，直到现在，他依旧唤我“毛仔”（方言，类似“宝贝”）。母亲曾不止一次取笑他：“若将来嫁人了还是这么叫吗？我都替你害臊哦。”

/ 3 /

父亲一生都在反叛，反叛他的父亲。依我看，这反叛是持续到祖父离开人世后才消停。父亲和母亲虽是通过自由恋爱相识，但最终的结合，却是在祖父要求之下完成的。

父亲十七岁那年，生母病故。新祖母很快嫁进家中。新进门的祖母以家庭条件不好为由，准备阻断家中唯一的小女儿的学业。父亲为保护妹妹，更为和祖父怄气，自己打架生事，主动辍学了。遗憾的是，最后，他的妹妹还是没有上成学。

父亲同祖父大闹一场，独自去社会上闯荡。按他自己的话来说，他的好日子，从生母离开人世那一刻起就消失了。

祖父年轻时是铁路局领导，素来寡言少语，仪态威严。家庭重组后，父亲真正的梦想夭折，内心多少有些怨怼。祖父不懂父亲的心思，他心里一直挂念着的，是让最最宠爱的小儿子去铁路局顶替他的职位。

父亲对此的回应是：“即使去当二流子（小混混），也绝不如你意。”

父亲与母亲相恋时，早在街边一带晃荡了好几年，算不上有什么正式工作，外祖母起初自然是不同意有学历的母亲和这样一个男子在一起的。她说母亲迟早要被带坏。后来，夫妻二人合力开餐厅、做服装，虽是白手起家，点点滴滴从无到有，但好在一直齐心协力，勤勤恳恳，生活也算稳定有着落。

父亲和母亲并不是同一个城市的人，所以母亲也算得上是远嫁。外祖母虽然孩子多，但对这唯一的小女儿，从小到大都是掌心里的宝贝，金贵得很。

在母亲那个年代，几乎没人没下地干过农活，母亲就是那个唯一的例外。直到现在，她跟我说，她去山上摘果子会皮肤过敏，下田小腿会红肿，既不会杀鸡，也不懂剖鱼。

/ 4 /

父亲和母亲相识于卡拉 OK，两人在母亲的同学聚会上一见钟情。家中相册里放着一张有些褪色的老照片，照片里，是父亲在卡拉 OK 给母亲唱歌。父亲瘦瘦高高的样子，白衬衫，黑西裤，脸蛋清秀，嘴巴微张，斜眼看着母亲偷笑。

这是他们初次见面时拍下的照片，我问母亲，是否还记得父亲当时在唱什么歌？母亲答，是 Beyond 的那首《真的爱你》。

父亲喜欢音乐，有一副好嗓子，年轻时还能弹一点琴，估计是因为这点迷倒过不少女孩子。自我记事起，母亲从来都是五音不全，人对于自己所没有的特质，大概都是欣赏的吧，我姑且这样理解。否则，怎么解释两人年轻时候的干柴烈火呢？又或者，母亲是一个颜控而不自知？毕竟，无论是年轻的时候还是现在，父亲的模样的确算得上英俊。

对于Beyond，父亲一直是有一种特殊的情结存在的。他在卡拉OK里给母亲唱的《真的爱你》，便是主唱黄家驹献给自己母亲的。

黄家驹在Beyond刚成立初期生活艰难。在乐队发展层面，他没钱举办演唱会；生活上，他的父亲又不希望他继续朝音乐的方向发展。在这一时期，母亲始终默默支持他，并偷偷存了一笔钱供他开演唱会。于是，他创作了一首《真的爱你》来感谢母亲对他的恩情。

父亲年少时，在家中唯一的朋友就是他母亲。同严苛的祖父不同，祖母是一位温柔外向的知性女子，父亲对音乐的启蒙也正是来源于此。

父亲懂得的为数不多的乐理知识，是祖母教给他的。父亲的学习成绩一直不算好，十四岁那年，祖母不顾祖父的强烈反对，每日暗度陈仓，陪父亲去家附近的一个老师那儿学唱歌，为此甚至辞去工作，全力以赴支持父亲的梦想。

当然这些都是我年幼时犯错之后听到的只言片语，父亲常感叹："虽然她很严厉，但我还是会想，如果我的妈妈不这么早过世，我现在的日子不知会有多幸福啊。"

父亲教给我的一些习性，都是祖母曾言传身教到他身上的，如夹菜时只能着眼于面前的这一小块，吃饭时不可大声喧哗，走路时必得挺胸抬头等等。父亲桀骜、随性，但每次只要提起自己的母亲，面色就很柔和，并且他会非常渴望他的母亲带给他的这些零星的正面影响能延续到我身上。

黄家驹比父亲更幸运，他实现了梦想，并且得到了母亲的见证。而父亲，只有每年祭祖的时候，可以轻声为他的母亲歌唱。

"现在你还年轻，是可以尽管放手去追求自己的人生理想的。但随着我们一天天老去，日后恐怕还是要拜托你的。"一日，祭祖归来，父亲将我叫到饭桌前，突然没头没脑说了这么一句。

人生拥有选择的权利，多半是有家人的爱在身后作为最基本也是最强有力的支撑。走得再远，被理想折腾得再没底气，回头张望的时候家人就在那里。现在想来，这都是他们牺牲了自己生命里的一部分东西给自己换来的特权。

世间所有的爱都指向团聚，唯有父母的爱指向别离。

/ 5 /

世上的母亲大抵都相同，最关心子女的吃食，而且母亲们都有个通病，只要你说了哪样菜好吃，她们就频繁地煮那道菜，直到你厌烦地埋怨了为止。

每年春节，母亲可能会提前半年就开始准备过年那几日的吃食，且势必都是我的心头好。每次去逛市场，看到什么我爱吃的，当下就买回来囤在冰箱里，完全没考虑过“过期”一事。回家一拉开冰箱门，堆成山一样的食物装不下，哗啦啦悉数掉落在地，沉重如母亲的呢喃。其实，母亲这辈子，只是在拼命地把我们觉得好的都给到我们，她们只是爱得不知所措了而已。

小时候，我总怀疑母亲生来就是长在厨房里的，她对几平米大的厨房，有时比对自己的床铺还要熟悉。从小到大，无论发生什么事，她的工作究竟有多忙，关于做饭这件事，从来风雨无阻，永远按时至极。早餐7点，午餐12点，晚餐6点，比国际时间还标准。

母亲本命年那年，发生了两件大事，打破了她对于做饭的准时：一件是她出了车祸，很长时间不能下床；一件是父亲的初恋突然回国，准备入侵我们的家庭。

这两件事几乎是一前一后挨着发生的。

母亲三十六岁过后没几天的一个中午，我从学校放学回家，家中空无一人，桌上破天荒冷冰冰的，什么也没有。我打给父亲，他只说凉席的垫子底下有钱，叫我拿去自己买些好吃的。我询问母亲的动向，得到的答复是“她这几天有事要忙”。电话里，父亲又嘱咐我一些日常琐事，话没说几句，就匆忙挂断了。

那日中午，心里多少是有些不快的。毕竟，母亲的热饭热菜从未缺席过，但心里随之而来的是慌张，母亲和父亲已经好几日不见踪影了，纵使那时再不懂事，心中也隐隐觉得发生了什么。直到母亲被好几个人护送回家里，我才看到被层层白色纱布包裹、如同一个木乃伊的她。

我是在替母亲打饭回家的路上见到那个女人的。就在我家楼下那条狭长的小巷里。巷子窄到一次只能两个人通过，我和她打照面时，当下几乎是两个人身体贴着身体，她冲我笑，我意识到不妙。

起初，她远远走过来，脸蛋和身子都细细的，一头泡面卷伏在单薄的脊背上，皮肤看上去保养不错，如果不是眼周细细的纹路，是看不出明显年龄特征的。她的高跟鞋鞋跟又高又尖，一脚踩在地上，像是正中靶心的箭，锋利又精准，很快巷子里便多出几个小土坑来。直觉告诉我，是她，那个常被姑姑们挂在嘴边的神秘女人。

祖母去世后，父亲找了一个年纪比自己大好几岁的女人作为初恋，对方是大姑的同学。此举在他们那个年代，对家中而言无疑是一个晴天霹雳。父亲很快搬出家中与女人同居。好日子不长，没多久，女人就凭空消失了，谁也找不到她。她同所有人断了联系。这次突然回来，按照父亲对母亲的说法，是“想要与他重新开始”。

狗血的剧情发生了，老式情感剧里才会发生的故事——女人在异国他乡挣了不少钱，午夜梦回，兜兜转转发现最令自己难以忘怀的，还是那个初恋时候的毛头小子，于是想要回来与他重修旧好，甚至提出愿意给母亲一笔钱，作为离婚的补偿。

母亲病卧在床，像个没事人似的，暗暗在心里捏一把汗的是我。大概是自幼读了太多言情小说，内心不自觉夸大了“朱砂痣”的分量。晚饭后，父亲去赴约，母亲只是随口说了句“回来的时候顺便帮我从街口买包栗子”。

一整个晚上，我坐立难安，更别提写作业了，又不好开口问母亲，只得像只热锅上的蚂蚁，焦灼地躲在卧室里打转转。我一度以为自己要没爹了。我那时脑子里只有一个念头：完了，我要成单亲家庭的孩子了。

我竖起汗毛和耳朵，尽力听门口的动静——是钥匙转动锁孔的声音。父亲回来了，还差五分钟就是夜里十二点。我透过虚掩的门缝往外看，他坐在饭桌前剥栗子，剥好后，吹净栗子上的碎皮屑，将它们盛进一个小饭碗里，端进了卧室。

第二天，一家三口，相安无事，仿佛那个女人没来过。

/ 6 /

母亲是个好强的女人，年轻时除了拼命工作，家里也打理得井井有条。哪怕她不干自己的本职工作，只是为了生计短暂地去超市当个理货员，年底也能评上个“先进”，再捧回一个老板给的年终大红包。

除了喝酒和搓麻将，我似乎没见过母亲此生有什么特殊的消遣。就连这两样，她也是从未败过的。

她喝酒没醉过，打麻将也鲜少输钱。起初，我们全家一直怀疑她是不是香港电影里的“千大王”。母亲赢了钱，家中会加餐，偶尔还有稀罕的热带水果。父亲取笑她：“工作辞了吧，我看你搓麻将比上班挣钱。”

母亲刚嫁给父亲时，伯伯们在年夜饭上还热衷于和母亲拼酒，到了第二年，个个甘拜下风。母亲的娘家没几个人爱喝酒，都说她这“天赋”竟像是凭空冒出来的似的。

我从未见母亲喝醉过，外人就更不用说了。家里最潦倒的那一年，母亲低三下四跟当地搞小额借贷的混混借钱，彼时，对方在夜宵摊上喝酒，有意为难她。席间，就是心情最差的时候，黄汤杯杯下肚，母亲仅仅是深夜脱了高跟鞋穿过一片绿油油的菜地，摸黑哼着歌用黑色垃圾袋拎着现金到家了，全程安然无恙，第二天照例按时准备我的午饭。

面对生活最残酷的打击，她时刻涌现出巨大的坚韧，这些坚韧，被她举重若轻地丢到酒中，再喝进肚子里，源源不断的坚韧又长出来，随时随地可以供给到我们的家庭。越是如此不辞辛苦，我和父亲越替她感到疲惫。所以，逐渐步入中年，甚至老年，她因为高血压不得不彻底戒酒之后，我和父亲反而把她宠成了一个小女孩。

更年期悄然而至，母亲白天在用大段大段的时间发呆，其余时间用来关心服用什么牌子的保健品可以延缓停经的时间，买什么面膜能够更快修复皮肤。年轻的时候太忙了，马不停蹄追赶时间，现在时间停下来了，母亲却无法面对，甚至常常感到大脑一片空白。她现在的生活状态，完全可以用一片空白来形容。

父亲年轻时应该算不得什么传统意义上的居家好男人，既不算老实巴交，又谈不上细腻体贴。面对这种局面，他根本起不到什么太过实际的作用。好在，父亲生性浪漫，这浪漫无论放到哪个年代，都不过时。

母亲喜欢花，祖父祖母去世后，他将老宅菜园里的杂草拔光，为母亲种上了满院子的玫瑰。那玫瑰什么品种都有，有从店里买来的，也有从别人家里顺来的。母亲形容父亲那阵子是真正的“采花大盗”，不论去哪家串门，看到人家种的花，都要顺上一株回来，移植到自家的菜园子里。父亲说，等到孩子们成家了，他们就回去养老。

北京开始降温时，是最难挨的一段时间，暖气迟迟不来，我只能每日开着电热毯瑟缩在床上。晚上，接到父亲和母亲一起打来的电话。两人同时开口，你一句我一句，电话那端好不热闹，具体讲了些什么，需要仔细辨别字句方能勉强听个大概。

谈话内容多是小事，半数是父亲在讲。譬如，母亲趁他睡着偷拿他的手机，将他银行卡内为数不多的私房钱转走了。又譬如，母亲前几日买了一把剃头刀，说要亲自给他剃头发，结果不小心剃坏了，导致他“见光死”，他嚷着要母亲赔偿，两人一起窝在沙发上搜假发套，发现好一点的竟要六千多块！第二日，两人出门散步，路过精品店，买了一顶十几块的帽子戴上，发现万事大吉。

有时我和母亲单独通话，也会忍不住问她:“你爱爸爸吗？爱他什么呢？”起初，母亲总以一句“我们年纪那么大了，哪来什么爱不爱的”搪塞过去。问得多了，偶尔也会换一个说辞。

“那时，我和你爸相隔69公里，他每天骑车六小时来见我，风吹日晒，雷打不动。你外公病了，舅舅们工作忙，是你爸爸在医院陪床，那时外公无法排便，屎都是你爸爸一点点替他抠出来的。”

母亲呢？母亲爱父亲吗？中间他们有十二年不曾谋面，母亲的一头长发，一蓄就是十二年。母亲身高一米六二，头发长为一米六二。见到父亲那日，青丝垂地，笑颜不改。

他们的日子飞逝，他们的哀愁自我消解，他们不是罗密欧与朱丽叶，尽管直到耄耋之年，他们的事情不带任何传奇色彩，却自有流淌的诗意。

此为我的父亲母亲。

为了祖母

✽志贺直哉

所有的朋友都对我抱有敌意——我时常这样深信不疑，虽然明知这只是一种不健全的暂时的情绪。比如去探访谁时，这种强迫观念必使我说出些令人不快的话，或是做出些令人不快的事。在感到不堪忍受的孤独与愤怒后，与之一拍两散。这时我必定会想起祖母。

“到头来，我只有祖母了。”我想。

祖父过世整整五年了。他是个很有本事的人，认识他的人都说他很了不起。祖父是整个家族的顶梁柱，对祖母而言几乎就是一个偶像。他非常注重养生，七十九岁那年依然保持着绝佳的健康状态，然而却得了胃癌。若是普通老年人大约已经奄奄一息了，但他那久经锻炼的肉体却迟迟未能死去。在几个月的时间里，经受了令人不忍直视的苦痛。自十六岁那年起就几乎从未离开祖父身畔的祖母拼了命地全力照看病人。我震惊地看着那拼了命的看护没完没了地持续着。年过七十且身体虚弱的祖母，究竟从哪里涌出那般力量，实在不可思议。

我尊敬祖父，也曾很亲近他。然而当时我担忧的是，祖父过世的同时我是否也将面对祖母的死？

祖父自九月末卧床不起，终于在正月初去世了。

祖父刚停止呼吸，他房间里便突然响起人们悲恸的哭泣声。兄弟姐妹众多的祖父也有众多侄子侄女，他们都从远方聚集而来。

片刻过后，我起身离开，将哭声抛之脑后。去往起居室时经过中门，看见木格间里站着个六十上下、似乎在哪里见过的羊白头（白化症的俗称）男人。

“在下是U町TI殡仪馆的……”说是恳请将相关事宜交给他们来做。

为何他能这般迅速地赶来，我觉得十分可疑。因为这时离祖父合眼还不到十五分钟。这家所谓的TI殡仪馆位于从我家前往电车站时途经的U町左侧。那里离我家并不近，纵然年轻人全力奔跑，也无法在十五分钟内往返，所以我感到十分可疑。

“我不清楚。”我说，然后便走开了。

然而祖父的葬礼诸事还是由这位羊白头承接了下来。后来听说，羊白头来了不到十五分钟，某某町的殡仪馆也来了人。

送走祖父之后，祖母给人一种在这世间已经无事可做的感觉。这让我很担忧。的确自从祖父死后，她明显没有了精神。

祖母总体说来性情刚烈，以礼教自持。祖父去世后，我睡在她身边，睡懒觉时常被她絮絮叨叨。因为这事，几乎每天早上都要吵架。祖母总是像这样对各种事情加以干涉，有时我实在受不了，也会说些粗暴的话来刁难她。

忘了是因为什么事，有一次我们大吵了一架，把祖母气哭了。对沉默不语的祖母，我狠狠地说了一通难听的话就去洗澡了。过了一会儿，祖母一副忍无可忍的表情，手拿一根硬木手杖走了进来。我弓着身子喊："别打！"她一言不发，只管用力朝我裸露的背脊啪啪地打下来。

"我才不怕呢。"我冷笑。

"还不够吗？"她说着，又朝脖颈上打了两三下，然后"哐当"一声关门走了。——这并非很久以前的事，然而现在即便说些严厉的话，她也没有那么精神奕奕了。我莫名对羊白头介意起来。

我跟羊白头会不时地在路上遇见。他敞着前襟，吊儿郎当地趿拉着木屐闲逛。那透出血管、又白又红的皮肤上布满褐色斑点，圆脸，但脸颊凹陷。嘴比较大，那上翘的嘴角即使面无表情也像是带了一丝笑意。灰亮的眼睛在跟人擦身而过时，总是瞟眼偷看。这时我心里不禁条件反射般感到莫名紧张，然后便回想起祖父去世当天的事来。想到这个怀着期待来到家宅近前的羊白头的身影，我不禁怒从心头起，心想他一定也诅咒着祖母的生命。想到这里，我竟亢奋到可笑的地步。

然而，约两年的时间平安过去了。

第二年我因某事在家中引发了争吵，父亲说要废除我的长子继承权，让我自行离开。于是我征得祖母的同意，打算带上祖母以我的名义攒下的钱去乡下住。连房子都已租好，再过两三天就要走的时候，本来就脑神经衰弱的祖母由于过度担忧，大脑发生病变引发了晕厥。一时间我以为她将就此死去。家里人似乎也都不抱希望了。这下我无法离开家了。

过了十天左右，已确定她还不至于死去，但医生说离能下床还需三四个月的时间。

我真正为祖母的死感到恐惧就是从这时开始的。

"像你这样把自家财产不当一回事倒也轻松。可是你祖母，也就不到两年了……让她安心合眼之后你再随心所欲也不迟嘛。"叔父中的一位这样说道。

"总是为我担忧着祖母就死不了。她放了心我才是最害怕的。"我说。

叔父笑了，而我没笑。

"也就不到两年了"，就算是医生，随便说这样的话我也会记恨他。我心里这样想。

祖母的健康有了稍许恢复。病情好转或加重时，她都会说些刺耳的话，让护士和待我有情有义的继母十分为难。每当祖母发作时，只有我能够彻底反驳她。

在此之前我曾时常暗自计划着海外之行，但从那以后便自行断了念想。我十三岁失去生母，在那之前就几乎全靠祖母亲手把我养大，所以从家人到亲戚都认定，我的任性、怯懦等等全都是祖母盲目溺爱的恶果。祖母卧病在床，只有我们两人时，她每当说起这事就会落泪。对此我向来别无他法，被她惹得不是发怒就是哭泣。尤其她一说到我那死去的生母，我便当即没缘由地流下眼泪。而某时，我也曾想象过因失去这样一个对象而变得形单影只的自己。

祖母渐渐地好起来。大约两个半月，终于得以走下床，不过显然衰弱了。看着她那模样，我感到一种茫然无力的不安。这时我粗暴地说：“您不长寿可不行啊。”然后又说，“我这就去找份什么工作来做。”

祖母一边点头一边露出“‘什么工作’是什么”的疑惑表情。为此我也发了脾气。

有一天晚上我做了个梦。

——我忽然睁开眼（在梦里），只见祖母走出了房间。我心想如果是去厕所的话，此刻母亲刚好抱着昌子（我最小的妹妹）进去，但我还是随她去了。不久祖母上完厕所回来了。就像醒着时总为她做的那样，我起身帮她把睡袍披好，不经意看见从睡袍袖口伸出的小手——那是昌子的手。我这时凭直觉想到，一定是祖母与从厕所出来的母亲擦身而过时，不知怎地这只手黏上了祖母。这么一想，我感觉身体里涌起一种紧张又兴奋的感觉，但表面上我却一下子冷静了下来。

我比较平静地叫了与我隔了走廊和一个房间的母亲。母亲抱着昌子走出来。昌子香甜地睡着，脑袋向后耷拉着……两只手都在。

这时我立刻看了祖母的睡袍袖口，手没有了，只有我的一大撮长约三寸的头发，连带皮肤也落在那里。“一定是有什么东西！”我这样想。

“快去叫父亲。”我抱着自己的头，连看都不想看。

母亲默默起身离开了。周围一片寂静。祖母和母亲像都睡着了似的，一言不发。“凶”——我感觉这股无形的力量占据并支配着整座家宅。

面对它我想我眼睛都没法眨一下。……一看，只有从母亲衣袖下方耷拉下来的昌子的一只手呈现土灰色，我不由自主地起身跟随而去。这时，有人从我身后跑了出去，我立刻去追赶。那人无声无息地打开隔扇和纸拉门出去，而且非常迅速，从中门跑去了室外。

“是个西洋女人。”我这样想，立刻又改变了想法，“不，是羊白头啊。”那人拖着灰色的裙子飞似的往大门方向逃窜。我猛地从后面扑了上去。

——梦醒了。

我一边深呼吸一边盯着在天花板上映出圆形灯影的罩灯看了一会儿。

不知为何祖母也醒着。我把刚才的梦讲给她听了，然后祖母说：“我正好也做了同样的梦。”这令我毛骨悚然。然而到了第二天早上才发现这也是梦。

这个梦总在我脑海里挥之不去。

孩提时代，曾有个比我低一级的孩子，毫无缘由地被我憎恨着。有一次因为太恨他，我竟把手里的皮球突然朝他脸上砸去，他被我弄哭了。然而不久后，我又完全不讨厌那个孩子了。因为我梦见那个孩子穿上漂亮衣服后变得很可爱，而且对我十分亲近。第二天我甚至对那个孩子生出了某种爱意。

我也曾想过，因为梦境而对羊白头抱有那样的看法可谓既荒谬又不讲道理。但想到祖父去世那天的事，我又会突然气愤不已，甚至觉得因那样的想法而放松警惕是极危险的。

羊白头经常揣着两手在路上晃晃悠悠地走动。在我看来，那就像饥饿的肉食动物在搜寻猎物一般。而这个平时来回晃悠的男人在葬礼的队列中跑前跑后照应的身影，那振作的模样简直就像换了一个人。一看那些身穿孝服、哭肿了眼睛的女人毫不知情地跟随其后，虽说事不关己，我还是会禁不住地火冒三丈。

祖母似乎渐渐精神不济。我也曾怀疑，这或许是我的心理作用。

有时夜里我回来晚了，她依然醒着，问我："你这是去了哪里？"

"有没有什么吃的？"有时她也会这么说。这时我会去给她拿两三块饼干，她吃完又睡下了。这样做于我而言是从儿时起就绝不容许的。

我为时两三天的旅行，祖母也会感到不开心。诸如此类的事让我很是心酸。我想，对那个犹如正诅咒着祖母的羊白头必须有所行动才行。

某日有个亲戚来，说起他家老人得了重病，已无药可救，并对祖母说："病人若是到了被子也需吊起的地步，大约也活不长了。"我听了心里发凉。想到不论是念叨被子太重时回忆起这句话的祖母或是我自己，都感到毛骨悚然。人终有一死，几乎没人能活到一百岁，但我还是希望祖母能活到九十岁，活到我年届四十岁以后。对羊白头必须有所行动才行。然而想到所谓有所行动又该如何行动，我的思考便在此停止了。

时至深秋，奇怪的暖湿天气却连日持续，不久突然来了冷天。祖母感冒了，病情渐渐加重，撕心裂肺地咳个不停，呼吸也变得异常急促。我想，一直惧怕的事终于来了。

也不知是什么病，只说是肺部积了痰，呼吸的空间越来越窄，因此导致呼吸急促，而肺里的痰会涌上来。看着实在教人心疼不已。

不论怎么咳痰也咳不干净。她翻着白眼，想使力逼出来，但显然力气不够。我从背后抱着她，可是无能为力。渐渐地，祖母疲倦了，没有了咳嗽的力气，就硬憋着，止住了呼吸。她只能握紧我抱着她的手，痛苦地弓着身子。她那干瘦娇小的身体紧绷着，却不能呼吸，脸涨红了，眼角也竖了起来。我毫无意义地用力——没有办法，我只能自己咳嗽，想帮她打气助力。可是祖母此时已疲惫不堪，似乎就快不行了。父亲和母亲都急得手忙脚乱。

这种时候，我一定会拼命盯着房间里黑暗的角落。在那里，其实并不能看到羊白头那灰色的眼睛，但我却臆想着——并且尽量——用尽全力紧紧盯着那眼睛。

祖母极其痛苦时，那模样令我不忍直视。要说时间很长，真正计算的话大概只有几秒钟。时间虽短，我却依然不忍直视。作为那几秒钟里的逃避之地，我不得不把眼光挪向黑暗的角落，我屏住呼吸凝视着。片刻过后，浓浊的痰从祖母的嘴唇间流出来。护士用纱布帮她擦拭干净。祖母已精疲力竭。轻轻让她躺下后，她便沉默着合上眼睛，眼泪从凹陷的眼眶里溢了出来。

这样的情形有过三四次之后，祖母又好转起来。

每天有八次吸入。吸入器的杯子里每次倒入两杯热水，让她躺着吸入。虽只是在水蒸气中呼吸，一旦用力吸气立刻就会咳起来，不过病情还是一点点好转了。把铜脸盆搁在巨大的火盆上，蒸汽不断冒出来。虽然效果不那么显著，但她的呼吸次数渐渐降了下来。

我有了这样的想法：不论上次或这次，几乎都是临危把祖母抢救回来。试想如果我不在家的话，估计祖母已不在人世了。不管是羊白头或是什么，但凡谁来害祖母，我就会有所行动。我莫名地坚信这一点。然而即使看着祖母逐渐康复，我依然无法安心，一直抱着同样的想法。

比预想的三个月左右的时间更快，祖母痊愈了。医生说，在二月底以前最好能到鹄沼一带的海岸去住一段时间。

清早，我先让人把行李送去新桥车站，随后我和祖母分乘两辆人力车出了门。经过U町的殡仪馆门前时，店前摆放着鲜花、假花等等，还搁了些白纸灯笼、龙头之类的。身穿黑衣的脚夫们蹲在沟板上抽烟。

从那情形以及店里的状况来看，不像是要搬去给别处的葬礼使用。

“说不定是羊白头死了！”仅仅只是猜想就让我胸中悸动不已……羊白头确实不在……人力车经过了店前。我心里突然升起了雄壮的激奋和得意。从后面望着前方车里微微露出的矮小的祖母那戴了头巾的脑袋，我很想怒吼一声“看啊”，但极力克制住了。

来到新桥车站，一无所知的祖母面带恍惚的表情，迎着风眨巴着眼睛，正不停地擦拭眼泪。

“奶奶真够傻的。”我这么说着，感觉很想朝她背上打一拳。

羊白头确实是死了。关于这件事的真实性我丝毫没有怀疑。

为他人的死感到欣喜，并且几乎毫无疑虑地感到欣喜，于我是前所未有的体验。

我也认为殡仪馆这种行业的存在是无可奈何的，但我想经营殡仪馆也要有必须顾虑的事。而羊白头是不是没日没夜在想着他人的死呢……

战争自不用说，我憎恶任何杀人行为（现在也这么想）——死刑这种法律手段也是我所不能容忍的。即便如此，羊白头的死，我一边感觉这件事在某种意义上原因在我自己，一边能毫无疑虑地为之欣喜。这不知是好事还是坏事，但不论好坏，我都开心到不能自已。

在鹄沼的日子里，祖母的身体变得硬朗起来，并在二月底回到了家里。

自那之后，我时常留意观察殡仪馆里的情况，但再也没看见羊白头的身影。

今年冬天我依然打算带祖母去鹄沼。祖母比去年硬朗了许多。

母亲……留下了证据

✽ 仇士鹏

在家整理东西的时候，突发奇想，如果我也能穿越回去，看到母亲，我会对她说什么？

可能是经常看小品的原因，率先想到的竟然是“妈，你把家里藏钱的地方都写在本子上吧”。

母亲善藏钱，也乐于藏钱。

在我小时候，她会把现金存在家里的各个角落，比如放在喝完八宝粥后剩下的罐子里，塞到门口的草垛里，或者埋在院子里的菜地下。结果很多钱发了霉，气得她好几天都没睡好觉。那时候她还不相信银行，“钱只有握在手里才踏实”。即使后来，她也只习惯用存折，坚决不换成银行卡。

有时候我在家里翻箱倒柜找衣服时，经常能在夹层里找到一个很土气的小荷包，里面装满了硬币，还会在经年不穿的衣服口袋里掏出几张红票子。有一次，我准备学点乐器，想起书橱的顶端有一把吉他，那是十年前别人送的。袋子上全是棉絮状的灰，擦干净后，拉开拉链一看，吉他的弦间居然塞着几张大钞。“又是妈藏的”，我一时间哭笑不得。

母亲会藏钱，但时常忘记钱藏在哪儿了。

有几次，她穿衣服准备出门时，手往兜里一插：“呦，还有钱呢！”

我找她要零花钱时，她便把厨房的门关上，在里面找了一刻钟后，又到卧室里找了好一会儿，才能找到钱递给我。所以她从来不敢随便扔东西，一定要把里里外外都摸索一遍，才能扔掉。

不过，她喜欢存钱，却不肯花钱。大

姨娘家买了新的自动洗衣机，就把旧的给我们家了，但母亲只把它罩起来放在墙角，依旧用老式的“噪音牌”双筒洗衣机。她怕全自动的会费电、费水，所以哪怕老洗衣机的一个盖子都没了，但她就是做不到“喜新厌旧”。

在以前，她都是用手洗衣服的，无论冬夏。直到后来高血压住院，身体变差了很多，才用洗衣机代替。这其实是命运的一种信号，只是当时我并没有察觉到。

我一如既往地好吃懒做，坐享其成，所有的家务活全靠母亲一力承担。但她从来没要求我帮她分担一些，甚至反过来说：“你把学习搞好就行了，其他的事情我来做，你不要做。”

几年后，母亲再一次住院。原来高血压并没有离开，它叫上心脏病一起对母亲发动攻击。父亲后来对我说，那次母亲在鬼门关上走了一遭。但那时候我才上初中，对生死并没有深刻的体验，所以在母亲回来后，依旧我行我素。

母亲也没有什么改变，一如既往地忙前忙后，唯一的不同就是她开始买保健品了。

她定期听收音机里的某大师讲座，去大厦里的某个门面买讲座售卖的保健品。坚信保健品无用的我对此极为反对，甚至跟她吵了一架。之所以用“对”这个字，是因为那天全是我在语言输出，而母亲只是被动防御着，不断地保证与解释。当然，她最终还是买了几大箱的“神茶”。

那时的我并不知道吝啬了一生的她为什么会坚持买保健品，平时连肉都不舍得吃，为什么非要买“神茶”来泡水喝？所以我也不会理解，为什么母亲突然就“脑出血”，再一次住院后，在我以为她还能像以前一样从医院回来时，她却离开了。

父亲终于说出了答案：“她是累过头了。”当然，他说这句话的时候并没有想到他自己。

“你应该把那些事情让给我来做。”如果能穿越，这句话我一定要脱口而出。

如果生命是一根弹簧，她被生活和我拉扯得笔直，直至失去弹性，断了。可那时的我太懒了，也毫不自觉。不仅没有分担母亲的承重，还成了她的挂钩上最重的砝码。

她本应该有自己的生活。我记得母亲喜欢唱歌，家里一排的磁带都是母亲买的。那时候，她还会用复读机给自己录音。但后来，我进了高年级后，她就像放弃了自转的星球，完全围着我转。

如果那时，她能留下几个录着她歌声的磁带该有多好。这样，当如今的我陷入回忆的时候，就不会被一片空洞的冰寒包围，一念雪飘。

也正因此，我现在并不会刻意给家里大扫除，去找出母亲所有藏钱的地点。至少，当我在口袋里摸到钱时，我会想起这是母亲藏的，然后再放回去。如果所有的钱都被发现，拿了出来，母亲留下的存在的证据便又将少了一大截。

想见你

✽凉颜

你可能没有那么爱我。
你可能一点儿都不懂我。
你可能觉得我的存在对于你来说，是一种负担。
但我还是想再见你一面。

1

窗框在松动，阳光里细小的浮尘被惊扰，打着旋逃开了，一根纤细的羽毛缓缓落下，我伸手去接——

我顿住了，突然清醒过来，刚刚我走神了。

男孩儿还在拆窗户，羽绒服里的羽毛不断地飞出来。这个叫蒋绿的男孩儿就是小时候的我。

现实中，我已经24岁了，目前正在国外留学，一年前，我和我的爸爸失联了。但“他”说这不是失联，只是两个人不在一个频道生活了。

这个解释起来有点儿麻烦。

相信大多数人都有过这种感觉，就是父母有时总和我们不在一个频道，彼此无法理解，无法沟通。如果这种情况严重到一定地步，就会被划分到两个不同的频道生活，再也无法相见——这是我的理解。

但因为存在羁绊，所以频道之间偶尔也会有交点，找到交点就能相见。我还想见爸爸一面，因此，我联系了“他”。

“他”给了我几件物品，我必须在和物品相关的事件中找到交点，才能和爸爸联系上。

第一件物品是一件棉服，我妈妈送我的生日礼物，那时爸妈已经离婚了。

楼梯间响起了脚步声，儿时的我……算了，为了便于叙述，就叫他蒋绿吧。

一双大手将趴在窗台上的蒋绿拎了下来，怒道：“你是不是欠打？！”

我看向他——蒋立平，我的爸爸。太年轻了，虽然脸上已经有了岁月留下的沧桑，但相比我记忆中，他强壮得过分。

再见他，我不觉得欣喜，只有几分淡淡的怅然。

我伸出手在他眼前晃了晃，他看不见我，我有些失望，关于交点的事我毫无头绪。

蒋绿不甘示弱地瞪着爸爸：“我不要和你一起过生日，我要去找妈妈，妈妈会给我买新衣服，买生日蛋糕，你什么都不会给我买！”

见儿子开始撒泼哭闹，蒋立平疲惫地揉揉眉心。

我们关系不好，就是从他强行留我在身边开始的。父母离婚，我想跟温柔浪漫的妈妈一起生活，不想跟着木讷的爸爸。

“好了，别哭了。”蒋立平耐下性子，他把放在桌子上的蛋糕提下来，蹲下来好言好语地哄蒋绿，“你不就是要吃蛋糕吗？我给你买了。”

蒋绿盯着蛋糕看了半晌，突然伸出手，狠狠地把蛋糕扔了出去，白色的奶油在地上滚出长长的痕迹，他一边哭一边喊：“我不要这一种！”

我皱眉，虽然蒋绿就是我，但我也得承认我有点儿熊，家里不富裕，有得吃就不错了，还挑三拣四。

蒋立平“噌”地站起来。

我下意识闭上了眼睛，记忆中第一次被打就是此刻，爸爸狠狠地甩了我一个耳光，这让我在很长一段时间内都怨恨着他。可许久过去，巴掌声却没有响起，我睁开眼，看见爸爸高高扬起的手顿在半空中，他的神情痛苦又失望。我愣住了，莫名觉得心里堵得慌。

怔了良久，他无力地放下手，一言不发地出去了。

我有些困惑，这和我记忆中的不一样。

按照规则，我可以出现在这个世界中，但必须以其他人的形象，不能透露任何关键信息，且用这样的形式和爸爸见面，不能算找到了交点。

“唐奶奶，你说妈妈是不是不要我了？为什么我过生日她也不来找我？”蒋绿泪眼婆娑地看着我。

我鼻头一酸，感同身受地红了眼睛，然后摸了摸他的头，轻声道：“怎么会呢，你妈妈一直很爱你，她虽然没有来，但给你寄了生日礼物，就在外面。”

蒋绿眼睛一亮，飞快地跑出去，拿了一个袋子进来，是一件棉服，他惊喜道:“真的有！”

我笑了笑。他们离婚前几年，妈妈每年都会送礼物给我。

蒋绿兴奋地拿着衣服在身上比画，但没多久他的情绪又低落起来：“那爸爸呢，他会不要我吗？”

我笑容一滞，诧异地看着他，我以为自己从这时起，就是想离开爸爸的，但原来我也害怕过被爸爸抛弃？

坦白讲，我不知道怎么回答，虽然不懂爸爸为什么在离婚时选择要我，但我相信，之后他肯定后悔留下我这个负担。

2

第二件物品是一部老旧的手机，是妈妈买给我的，但在某次和爸爸的争吵中被摔成了一堆废铁。

爸爸曾经有过一次再婚的机会，但他们俩没成，被我搅黄了。

我心里始终抱有一丝幻想，想着爸妈还能复婚。我给我妈发了信息，试探她的口风，她难得没有立刻回复我——自从有了手机，我和妈妈便一直保持着联系，都是发短信，因为电话漫游费太贵了。

隔了一天，她回复说：“挺好的。”

哪里好？一点儿都不好！

蒋立平带着赵阿姨和蒋绿吃了几次饭，蒋绿态度很冷淡，但也没有给人难堪。

没过多久，赵阿姨开始静悄悄地进入他们的生活，做饭、洗衣，来得越来越频繁。大约是觉得蒋绿的冷漠在某种意义上来说是一种退让，也许再过一阵，爸爸就会重新介绍赵阿姨，从“我的一个朋友”变成“我再婚的对象”。

蒋绿不会让这件事发生，他故意搞砸了期中考试，想暗示蒋立平，你的恋爱影响了我。

可又和之前一样，这场记忆中惨烈的“战斗”被和谐了，蒋立平没有动怒，他仔仔细细地看完成绩单，突然问：“你对我和赵阿姨的事，有什么意见吗？”

蒋绿装傻：“你们之间有什么事？不是好朋友吗？”他期待着蒋立平说“是，我们是好朋友”，然后将地下关系无限期延长，最好永远不要摆上台面。

蒋立平沉默了一会儿：“好，那我们来说说你的成绩，怎么回事？”

没有得到想要的回答，蒋绿心情很不爽，他低声咕哝：“没怎么回事，就是状态不好。”

“有喝有吃有住，你有什么状态不好的？”

我捂住耳朵，心道这句话可能会点燃火药桶。

果不其然，蒋绿突然愤怒地吼道：“不是没饿死没渴死就算好了，你根本就不懂，不关心我！”

蒋立平怒拍桌子：“我不懂谁懂？你妈懂吗？刚好你也不想跟我一起生活，初中毕业你就去找你妈吧。”

所有声音戛然而止，我深吸一口气，来应对接下来将看到的事。

蒋绿不敢置信地瞪大眼睛：“你偷看我的手机？”

我也看向爸爸，时隔多年，我依旧难以释怀，不仅仅是因为隐私被偷窥的难堪，更是因为来往信息中我没少提到爸爸，他知道了我在背后对他的所有评价。这个事实让我恼羞成怒。

我希望爸爸只是不小心看见了，或者只看到了一部分，可他什么都没解释。

蒋绿气炸了，他把手机拿出来，狠狠地砸向地面，咬牙切齿道："你想看就看吧。"

手机零件四散纷飞，独留一室难堪与失望。

大闹一场，我失去了和妈妈联系的工具，赵阿姨也再没出现过，我和爸爸好像谁都没赢。

我觉得心神俱疲，我不知道回顾这些并不美好的记忆能够给我带来什么，就在刚刚，我真实地感受到了当年的痛苦。

此时此刻，我最想给妈妈发个信息，青春期里无数个困惑的日子，都是她通过短信开解我。那串烂熟于心的号码从指间拨出去，跨越时空，接通了。

"喂。"熟悉又敦厚的男中音响起。

我震惊地看着屏幕上显示的电话号码，反复确认号码没错，可为什么是爸爸？为什么打给妈妈的电话会是爸爸在接听？！

我排除了很多可能，如果这不是一个"他"的疏忽导致的疏漏，那就只剩下一个荒诞又合理的答案——那根本就不是妈妈的号码，一直以来和我发短信的都是爸爸。

我为自己的猜想而震惊，我无论如何也不能将不善言辞的爸爸和短信对面那个耐心又温暖的人联系起来，我想马上知道真相。

3

第三件物品是一张通知书。

叛逆的初中三年没有让我获得任何东西，中考时我考得不上不下，但如果愿意花点儿钱，还是可以上高中。

这张通知书就是一中的通知书，我甚至对通知书毫无印象，也不知道这个物品能关联一个什么事件。

也许是我不知道的事——我有强烈的预感。

凌晨两点，爸爸突然神色匆匆地出了门，我跟了上去。他直接去了县城一中，学校里还有不少家长，他们大都背着一个小包，在黑暗中默默排队。

我心里一动，身体已经先一步做出了选择，教学楼的玻璃上模模糊糊地映出我的样子——一个平平无奇的中年男人。我原本想排在爸爸身后，可眼看要跟上了却又紧走了几步，排到了他前面。

爸爸上下打量我，提醒道："你没带钱啊？"

带钱？我突然想起来入校是要花钱的，含糊道："孩子妈等会儿送来。"

"那就好。"爸爸抱紧了自己的包，感慨道，"白跑一趟都没什么，耽误孩子就事大了。"

我无所适从地笑笑，不知道该怎么回应他，却鬼使神差地冒出一句："你带了多少钱？"

爸爸比了个"2"。

我惊呼："这么多？！"

两万块几乎是爸爸一年的积蓄。

爸爸看起来倒不怎么心疼："都是为了孩子能有个好前程。"语气里是深深的无奈和担忧。

我从他的脸上，看见了一个父亲对孩子的爱。

爱，没错，我过去从未明显地感受到爸爸的爱，可此刻，以局外人的视角，我无比确信他爱我。

"其实……"我干涩的喉咙里挤出一句，"孩子也该为他的行为负责，受点儿教训。自己不努力，上不了高中他也怪不了谁，何必花这个冤枉钱。"

爸爸不赞同地看着我："话不能这么说，不管孩子怎么想，咱们做父母的都不能耽误了他，该做的还是得做，否则将来他怨恨你不尽力，你也会怨恨自己。"他拉开了与我的距离，对我那番话很不满。

我想证明他没那么在意我，可他的行动和语言都在向我证明他爱我。我无话可说，落荒而逃。

直到早晨八点，蒋立平才从学校回来，他神情疲惫，但又带着几分轻快。蒋绿九点钟起床时，他已经准备好了早餐。

蒋绿打着哈欠从他身边经过，被蒋立平按在餐桌上喝粥。两人沉默着吃到一半，蒋立平才随意地将通知书拿出来放在桌上，轻描淡写地说："开学你就去这个学校。"

蒋绿眼皮都没抬一下，淡淡地"哦"了一声。

4

进入高中以后，我尖锐的个性被时光打磨得平滑了许多，我和爸爸那种"说不了三句话就会吵起来"的状态已经成为历史，但取而代之的也不是理解和亲近，而是漫长的沉默。

不知道从什么时候开始，我决定要去外省读大学，我要离家越远越好。

到底是什么时候呢？我曾经产生过无数次想要离家出走的念头，但都因为各种原因放弃了，究竟是什么让我最终下定了决心？

天空中下着小雨，我站在人来人往的大街上，不知道被塞进了一个什么事件中。第四件物品非常莫名其妙，一个草莓发卡。

几分钟后，蒋绿终于出现在我的视线里，他亦步亦趋地跟着一个气鼓鼓的女孩子，女孩子头上别着一个草莓发卡。

我怔了怔，那是我的同班同学林楠，也是我喜欢的人。但我们没有在一起过，朋友关系也没有持续多久就草草结束了。

我想起来，这一天我们吵了架。因为下雨我没给她打伞，她说我不知冷暖，没把她当朋友。

我看着两人大吵了一架，而蒋绿在得知爸爸找过林楠后气愤地扬长而去，随后旁边的五金店里就突然走出了一个意想不到的人——我爸爸。

我惊呆了，爸爸为什么在这里？他在跟踪我？

"同学，"蒋立平叫住了林楠，"上次也见过一面的，我是蒋绿的爸爸。"

"叔叔您好。"林楠不安地绞着手指。

"我刚刚听见了你们的谈话……我不是故意偷听的！只是上次你和我说，可能没办法继续和蒋绿做朋友，我有点儿担心。"

蒋立平并不擅长社交，他磕磕巴巴地解释了一番，说道："是因为我让你有了压力，所以你才……上次我也说了，其实我并不反对你们做朋友，蒋绿这段时间开心了许多，叔叔找你只是想感激你。"

林楠咬咬牙："和叔叔您没关系。"

"那是为什么呢？只要不影响学习，我不会干预你们的，你想必也知道，蒋绿从小没有妈妈，性格有点儿古怪，但他心是好的，我有点儿担心你的疏远会影响他的学习……"

"叔叔您别说了，我们的性格不适合做朋友。"林楠低着头，埋怨道，"因为他，我的学习受到了影响。"

她把头上的发卡取下来，递给蒋立平："您帮我还给蒋绿吧。"

蒋立平失落道："以后在学校，还是能当好同学，蒋绿他……唉，算了。"

林楠见他神情沮丧，忍不住说："叔叔，我觉得蒋绿对您有什么误会，他和我提过几句……总之，您有空的时候，多和他交流。"

蒋立平勉强笑了笑："我会的。"

可他没有说过，从没有。

雨停了，我站在原地，却仿佛被淋了个透心凉。

蒋立平回到家，等待他的是兴师问罪的蒋绿，待我从混乱的情绪中挣脱出来，他们都快吵完了。

"我没有和那个女孩子说什么。"蒋立平强调。

"谁信啊，"蒋绿崩溃地喊叫，"你自己感情的事情都搞不清楚，还管我。我告诉你，我绝对不会和你一样！"

我浑身一震，突然记起来当时的我想到了什么——我在数落爸爸的同时，突然想起妈妈离婚时，对爸爸的指控。我们竟然这么相像，这个事实让我害怕到崩溃。

这也是导致我最终逃离他的原因。

看着摔门而去的儿子，蒋立平神情落寞又悲伤。

他在我面前始终是严厉、不苟言笑的，任何脆弱的神情都没有出现过，似乎这样才能维系一个父亲的威严。如果不是这次机会，我可能永远也不会知道在我看不见的地方，爸爸做了什么，又是什么样子。

在这段父子关系中，我并不比爸爸合格多少。

爸爸从口袋里掏出那个草莓发卡，又从房间里拿出了一个小铁盒子，盒子里有许多我眼熟的物品，都是和我有关的一些东西。他为什么要收着这些东西？又是以什么样的心情在收藏这些东西？

我忍不住伸出手去，想拿起里面的东西，可刚碰到草莓发卡，就像触电般缩回了手。

我不敢，但我不知道自己在逃避什么。

然而就在那 0.1 秒的触碰里，我看见爸爸疑惑地往我的方向看了一眼。我心里一跳，等我意识到什么，飞快地碰向那个盒子时，机会又一次失去了，爸爸看不到这个频道的我做的任何事。

我有点崩溃。

5

我之前没有思考过这几件物品的意

义，还以为是“他”在我的记忆中随机挑选的。但现在看来并不是，每个事件中，我都有一次找到交点的机会，这个物品就是线索。

还剩下一张车票和一件大衣。

我的机会不多了。

这张车票我有印象，大二期末的某个下午，我在宿舍楼下遇到了等待已久的爸爸。大学离家远，车票贵，我基本只在寒暑假回家，每次也待不了几天，当时我们已经有将近四个月没有见面了。

距离和时间再一次改变了我们，我们心平气和地坐在一桌吃饭，偶尔我会帮他捞几个丸子，像寻常父子一样亲密，也像陌生人一样客气生疏。

一切都按照我记忆中在发展。

吃完饭，他带我去火车站取票，当时还没有现在这么方便，票都要提前取出纸质的，我拿身份证刷出一张票，目的地是一个我从没有去过的城市。

爸爸松了一口气：“很少在网上弄这些，就怕买错了或者没买上。”

我问道：“这是去哪儿的车票？”

爸爸看了我一眼，掏出一根烟点上，有几分不情愿地说道：“去你妈那儿。”

我怔住了，手机被砸后，我和妈妈就彻底失去了联络，以前做梦都想和妈妈一起生活，这会儿猝不及防听到她的消息，却觉得不大真实。现在的我已经过了需要妈妈的年纪了。

我平静地把车票递回去：“去不了，暑假我已经安排好了，去实习。”

“不能推？”

我肯定地回答：“不能。”

爸爸又狠狠抽了口烟：“那行，没事了，你回吧，我这就回家了。”

记忆中，这件事到此就结束了，但按照之前几次的经验，我隐约察觉到重要的是我离开后的事。

果不其然，等我上了车后，爸爸便掏出手机打了个电话，那头是个上了点儿年纪的女人，是我妈妈，但我几乎已经遗忘了她的声音。

“儿子没空过去。”

“不是马上就放假了？”妈妈质疑道。

“说是要去实习。”爸爸有些不耐烦。

那边沉默了一会儿：“实习有见妈妈重要？蒋立平，不会是你从中作梗吧？”

“我从中作梗？”爸爸气冲冲地说道，“我就从中作梗怎么了？当年是你不要他的，也是你丢下他这么多年不闻不问的，现在儿子大了，你又想认了，哪儿有这么好的事？这些年，你但凡给他打过一个电话，买过一件东西，他今天也不至于不见你，都是你做得太绝！”

“你！”妈妈气出了哭腔，“阻碍我们母子团圆，你会遭报应的——”

声音戛然而止，爸爸把电话挂断了。

我看着他将手中的车票揉成一团，丢到一边。现在去拿起车票，也许就能和爸爸联系上，可我在犹豫，因为我心中有太多的疑惑。为什么爸爸说是妈妈不要我的？为什么他指责妈妈这些年对我不闻不问？记忆中分明是爸爸在阻挠着我和妈妈相见，妈妈是没有办法才远走他乡，而且前几年，妈妈都会给我寄礼物……

我的脑子乱成一团，礼物、手机，真相都藏在最初的事件里，如果我当时跟随爸爸的视角，也许就能知道礼物的来历，知道手机的另一头究竟是谁。

可我错过了。

6

我迫切地想要知道事情的真相。我问“他”如何才能告诉我，“他”说如果我愿意放弃最后一件物品，提升难度，就答应让我再看一遍。

时间倒回第一个事件，蒋立平将哭闹不止的小蒋绿锁进了房间。

我跟着他出了门。

路上，他打了个电话：“你就不能抽出点儿时间过来？”

对方不知道说了什么，爸爸勃然大怒：“话是你说的，有本事你这辈子都别见他！”

我突然反应过来，他是打给了妈妈，所以当年真不是爸爸阻止我，而是妈妈不愿意见我?

爸爸气冲冲地挂了电话，平复了一会儿心情才走进旁边的蛋糕店。他不会挑蛋糕，店员给他介绍了一下，他咬咬牙订了个贵的。

等蛋糕的一个小时里，爸爸又去了一趟服装市场，我在他走进去时便已经猜测出了他的目的，可当他真选定了那件棉服时，我依旧有些喘不过气来。

十几年来，无数件小事，无数次争吵，导致我们关系恶化，淡漠如同陌生人，可原来，其中许多事都是误会。

包括那部被摔坏的，爸爸说是妈妈寄给我的手机。

爸爸一直是个很呆板的人，不知道他是怎么想到这样灵活又冒险的办法，又是怎样下定了决心要欺骗自己的儿子。

那天晚上，我怀着激动又忐忑的心给妈妈发了第一条信息：“妈妈，我想你了。”

另一个房间内，爸爸回复了我：“我也想你，儿子。”

真相如此温暖，却又如此残忍。

我几乎要被内疚吞没了。

7

最后一件事，发生在我们失联前不久。

大四时，我获得了国外一所学校的录取通知书，虽然已经决定了要去，但思来想去，还是觉得应该要告诉爸爸一声。

我给爸爸买了一件新大衣，这是这些年我给他买的第一件像模像样的礼物——原本这件大衣是线索，但现在，这只是一件普通的礼物。

没有通知任何人，我突然回到了家。爸爸看见我，显得有些坐立难安，一是因为他的脚踝处打着石膏，二是因为家里还有一位阿姨。

有那么一瞬间，我以为自己走错了地方。

他们看起来比我更茫然无措。

阿姨姓周，两人是买菜的时候认识的。

我在家待了一周，照顾爸爸，周阿姨也会来家里。我每天会出去几个小时，在附近的奶茶店写论文，她就在那个时候来，我有一天提前回去撞见了她，才发现了这件事。

我猜想，爸爸一定是对当年的事心有余悸。他不想说，我也就不再问，但我心里已经有了决定。第二个星期结束，我就回了学校，走之前，我告诉他我想要出国，并征求了他的意见。

见他不说话，我补充道："机会挺难得的，还是全额奖学金。"

爸爸叹了口气，欣慰地笑了笑："既然这样，那就去吧。"

当时我以为这也是爸爸想看到的，毕竟如果不是我，他早在十年前就再婚了，也不至于多受这么多孤单的苦，这一次我去国外，他可以肆无忌惮地和周阿姨交往，而不必顾忌我。

但没想到，这一走，我们就失联了。

故事到此当然没有结束，我走后，周阿姨上门照顾我爸，问："为什么答应孩子去那么远的地方？本来就不常回来，这去了国外，更加见不到人了。"

"孩子大了，有更好的前程，当然要鼓励他去。"

周阿姨嘟囔："你就嘴硬吧。"

爸爸眼神幽深，思绪似乎飘得很远："这么多年跟着我，他挨了不少打，吃了不少苦，现在好不容易出息了，我不能拖累他。"

他仿佛看得见我，这番话好像专为我而说一样。

我眼眶一热。

我一直以为我们是不约而同地抛弃了彼此，谁都不欠谁，可没想到，我以为我是他再婚的负担，他以为他是我发展的阻碍，我们努力迁就着彼此的生活，以为给了对方想要的，最终却是误会一场。

8

其实我心里一直有一个疑问。

我问道："这是记忆的复盘吗？"

"他"回复："是。"

我再问："这是我记忆的复盘吗？"

"他"不吭声了。

果然，这不是我记忆的复盘。

其实我早该发现不对劲，如果是复盘的我的记忆，那么又怎么会出现这些我不知道的事情，唯一的解释是，"他"复盘的是爸爸的记忆，所以有些细节才会有偏差。

比如爸爸忘记了许多他打我的事。他不是一个完美的爸爸，也会犯错，犯错后也会因为不敢面对自己和我，而选择忘记一部分。

爸爸视角下的我尖锐又无理，连我自己有时都难以忍受，可爸爸没有说一句不是。我们有争吵，但他从来没有嫌弃过我，放弃过我。站在他的角度来看我们相处这些年，才知道爸爸有多爱我。

他是我爸爸，才会一次次原谅我。

他是我爸爸，才会被我一次次伤害。

我热泪盈眶。

"他"提醒我："你没有找到交点。"

"不。"我反驳"他"，"我找到了。"

当我发现真相时，当我开始释怀时，当我们相互理解时，我们就有了交点，我们已经回到了同一频道中。

我拨出那个沉寂已久的号码，对方秒接，好像等这个电话已经等了很久。

我说："爸爸，我想见你。"

十七岁的风吹过长夏

我们再也回不到过去，
我们只能向前，
头也不回地向前。
午夜梦回，
多希望爱如潮水，
将我向你推。

天鹅

✽顾水行舟

成长总是伴随着许多不完美——居高不下的体重，不再增长的身高，想不明白的数学题，处理不好的人际关系……我们或许永远无法解决它们，但希望有朝一日，我们能坦然接受这些缺陷，与它们握手言和。

1

顾简程觉得，自己好像知道了一个不得了的秘密。

好吧，用“不得了”来形容是有点夸张了，但这个发现的确让他感到很惊讶。

事情还得从半年前说起。

顾简程有个大他四岁的姐姐，是心理系的大学生，生性乐于助人，从大一开始便在社交平台上运营一个名为“心事储藏柜”的账号，专门为迷茫的求助者出谋划策。

姐姐大三这一年，加入了备战考研的大军之中，不再有足够的时间和精力维护“心事储藏柜”。可是，她又不想辜负粉丝的期望，脑筋一转，把主意打到了顾简程头上，拜托他帮忙打理一段时间。

顾简程既不是专业人士，也不擅长安慰人，生怕处理不当，慌忙把姐姐交给他的笔记本塞回到原主手里——上面记录着“心事储藏柜”的密码以及运营注意事项，并且假装义正词严地解释道：“我马上要高三了，打理这个会影响我学习的，你还是找其他人吧。”

他没预料到，用学习当借口，反倒是给自己找麻烦。

姐姐眉头一挑，毫不留情地揭穿："难道你在空闲的时间里，都在努力学习？蹲点抢球鞋的时候，也没见你惦记着学习呀！"

姐姐一拍脑袋，又说："你床底下藏着好几双漂亮球鞋吧，要不我喊爸妈一起来参观一下？"

"别！"顾简程在心里叹了口气，立即举手宣告投降，"我答应你。"

顾简程发誓，这绝不是他没骨气，而是他懂得随机应变。

他有太多把柄在姐姐手里，这次不同意，保不齐姐姐会把他五岁时偷她零花钱买玩具的事情都给抖出来，他堂堂十七岁的高中生，可不想再被父母来一场"混合双打"。

所幸，接手"心事储藏柜"之后的情况，比顾简程原先想象得要好一些。

这个账号并不是太热门，前来寻求帮助的人其实不多，大多问题都不涉及心理学的专业知识，他思考过后，基本上都能给出回复。

时间一长，他开始注意到一个账号名为"Ever"，头像是全黑图片的粉丝。

她是唯一雷打不动每天都会留言的人，从语言使用习惯看，应该是个女孩子。顾简程猜想，姐姐与她的关系不错，因为她虽然偶尔会求助，但更多时候只是单纯分享生活中的零碎点滴，就像朋友之间聊天那样。

她发过亲手烘焙的饼干的照片，顾简程回复："看上去很好吃！"

她说自己的高中这两天在举办运动会，顾简程发了一个"握手"的表情包，跟了一句："好巧啊，我也在参加运动会。"

就这样聊了近半年，顾简程逐渐察觉到不对劲。

她拍摄的街景他总感觉似曾相识，他们经历的事情实在过于相似，简直超过了可以用巧合解释的范围。

难道，她是他认识的人？

此时此刻，他的怀疑变得更加强烈，因为她刚刚发来的钢琴曲片段。

她留言说："我今天在学校里演奏钢琴，有好几个地方因为紧张弹得不好，这一段是我比较满意的，希望你也能喜欢。"

巧合的是，顾简程的高中也有个活动，每天晚自习之前会请一名同学分享音乐。大多数学生都会选择播放一首流行歌曲，唯独这一天，是现场演奏的钢琴曲。

顾简程将几分钟的录音翻来覆去听了好几遍，然而实在没有音乐细胞，仍是分辨不出这到底和先前听过的是不是同一首。

好在他灵机一动，想到了借用音乐软件的"听歌识曲"功能。

感谢强大的科技，不到十秒，手机屏幕上便出现结果——《升C小调第十四钢琴奏鸣曲》。

而几个小时前，广播里传出女生的声音："大家好，我是林聿西，今天给大家带来的曲目是贝多芬的《升C小调第十四钢琴奏鸣曲》，又名《月光奏鸣曲》。"

2

这一天，顾简程破天荒地没有在清晨的课堂里眼皮打架，而是将视线投向前排扎着马尾辫的女生。

他与她从高一开始就是同班同学，到现在已经有将近两年，只是同学也分亲近的和疏远的，他们大概是后者的极端。

无论顾简程再怎么努力回想，都没法找出自己与她交谈的记忆。他们的的确确没怎么说过话，毕竟，他们本就是不同世界的人。

顾简程是体育特长生，能考进这所全市数一数二的高中，全靠体育加分和中考时的超常发挥。一时的好运终究无法眷顾他太久，他悟性不高，又没有强大的毅力，入学没多久就原形毕露，考试成绩几乎都是倒数。

反观林聿西，次次考试都名列前茅。顾简程看到公告栏里的分数表上，她每次不是满分就是接近满分的成绩，除了佩服没有别的想法。

不能多想，否则就会怀疑人生。

顾简程有时会和林聿西在教室外的走廊上面对面路过，但他们不会互相打招呼，她总是低着头快步走过，散发出生人勿近的气息。

他以为，是他学习太差了，她不想和他交朋友。

然而，现在看来，事实并非如此。

顾简程不了解林聿西，可是他与“心事储藏柜”的常客“Ever”算得上相熟。无须刻意留心，他就能从她的留言中捕捉到她的敏感和自卑。

就比如那首钢琴曲，她弹得很好，音乐老师甚至还在演奏结束后特意表扬了她，她却先一步否定自己的表现，向“心事储藏柜”吐露道：“这应该不是真心实意的赞美，老师大概只是想鼓励我。”

顾简程还知道，她会节食减肥。

这样极端的方法对身体健康不利，他想劝阻她，可惜文字的力量终究有限，她犹豫了一段时间，还是没有接受他的建议。

她解释说：“我也明白这样不好，但我不喜欢现在的自己，我想要改变，变得更讨人喜欢一些。”

所以，如果林聿西是与他通过“心事储藏柜”交流的那个人，那么她就不是看不起他，而是她太自卑了，不敢主动与人交朋友。

这么厉害的一个人，竟然也会不自信吗？顾简程的脑海中第一时间蹦出这个疑问。

她明明考试表现得那么好，能将所有的难题都轻易解决，相貌尽管不是一眼惊艳的漂亮，但也绝对值得被人喜爱。

顾简程想不通这背后的原因，又渴望能得到一个答案，被这个问题困扰了整整一节课。

下课铃声响起，他还在走神，抬起头，猝不及防地与林聿西的视线撞在一起。

她大概是察觉到了他时不时停留在她身上的目光，眼中有疑惑，走到他面前，小声地询问：“顾简程同学，请问你是找我有什么事吗？”

糟糕，不小心盯了她一节课，她不会把他当成什么奇怪的人吧。

顾简程慌乱了片刻，脑筋转得飞快，最后倒真想出了应对的办法。

他把数学练习题集锦翻开，随手指了道没有做的题目，把自己刚才的愁眉苦脸伪装成做不出数学题的苦闷，回答道："刚刚老师讲得太快，这道题我没有听明白，或许你可以教教我？"

林聿西愣了愣，耳尖染上不明显的红色，随即又似是惊喜般微微扬起嘴角，毫不勉强地同意："当然可以。"

虽然题目是随手指的，但顾简程是真的不会。

他基础薄弱，对知识点都一知半解，林聿西说了半天，他还是听得云里雾里。幸好林聿西足够有耐心，一个课间没能教会他，第二节课结束，她又主动为他继续讲解。

等到顾简程终于弄懂的时候，她也由衷地替他高兴，轻轻拍了拍手，说："那就好。"

林聿西不像是讨厌他的样子，顾简程的猜想得到了进一步确认。

他也始终认为，不管她到底是不是他所想的那个人，像她这样优秀的人，都不应该活在持续不断的自我怀疑中。

3

稍加留心后，顾简程发现，林聿西很孤独。

她没什么朋友，总是独来独往，一个人吃饭，一个人学习。在大家讨论周末出去玩的计划时，她会投去羡慕的目光，可是当发起人问"谁要去"的时候，她的手总是抬起不到五厘米又放下。

她像小鹿，对外面的世界有种天然的恐惧，好不容易鼓起勇气离开舒适圈，碰到一点风吹草动又会猛地缩回去，直到很久以后，才敢再次探出头。

顾简程想要帮她，又不能贸然接近，只能用请教题目的理由。

林聿西只有在讲题时才会多话，这是她擅长的领域，她如鱼得水，逐渐褪去拘谨，偶尔也会和顾简程聊些其他话题，比如天气，比如食物。

他们逐渐熟悉起来，之后再迎面碰见，林聿西尽管依旧不会大声打招呼，但至少会抬头笑一笑。

顾简程虽是醉翁之意不在酒，得到的帮助却是实实在在的，成绩也在不知不觉间有了明显的进步。

大约是从小到大给父母的刺激足够多，他们早已对他的成绩不抱期望，看到他高三上学期期中考试的成绩单，差点以为他错拿了别人的，在确认无误后，欣慰地把他的零用钱翻了一番。

顾简程又攒够了买新球鞋的钱，可这次他没了买鞋的心思。

他一边在学校里请教林聿西，做积极上进的好学生，一边在线上回复"心事储藏柜"的留言，每天的日程安排都满满当当。

一件事做多了便成了习惯，他会在睡觉之前特地留出半个小时，用心思考回应，字斟句酌，再三检查，郑重地按下“发送”。

他仍然不能完全确定林聿西和线上的“Ever”是不是同一个人，也有好几次想要直接问清楚的冲动，只是最终都没有付诸行动。

他分明不是犹豫不决的人，此时却怎么都问不出口，从不可追溯的某一刻起，他越来越害怕得到否定的答案。

小王子说：“我的那朵玫瑰，别人会以为她和你们一样，但她单独一朵就胜过你们全部。因为她是我浇灌的。因为她是我放在花罩中的。因为她是我用屏风保护起来的。因为她身上的毛毛虫是我除掉的。因为我倾听过她的哀怨，她的吹嘘，有时甚至是她的沉默。因为她是我的玫瑰。”

顾简程感同身受。

4

“下周，学校会举办一场即兴演讲比赛，我们班还没有人报名……你说，我要不要试一试？”

“我觉得站在大礼堂的舞台上演讲是一件特别酷的事情，即兴演讲这种形式也很有趣，但我平时在班里同学面前说话都要做好久的心理准备，我担心自己做不到。”

这天晚上，“心事储藏柜”里收到了“Ever”不同寻常的留言，顾简程一看，顿时感到难办。

如果他没猜错的话，“Ever”所说的是他们高中一周后的比赛。学校对这场比赛还挺重视，召集令张贴在告示栏最显眼的位置，届时会有十几名老师担当评委，所有学生都可以前去现场观看。

他能想象一个内向的人要在几百个观众面前演讲，需要克服多少畏惧，不过她难得有主动挑战的意愿，这样的好机会不容错过。

顾简程纠结许久，敲下好多行字又尽数删除，最后还是给出了一个冒险的提议：“我的想法是，你应该大胆地去试试，要相信自己，加油！”

演讲比赛的这一天，顾简程早早等在大礼堂中。

参赛人员的出场顺序是抽签决定的，大屏幕上的数字在快速跳动之后，缓缓定格在“15”。主持人举起话筒宣布：“那么，接下来有请15号选手——林聿西同学开始她的演讲。”

竟然是第一个出场，这岂非难上加难？

熟悉的身影出现，顾简程的一颗心也跟着提了起来，所有情绪都被台上的人牵动。

林聿西在前半程表现得很不错，声音有些轻，也有些颤，不过言之有物，这些缺点便无伤大雅。

可惜的是，说到后半程，她突然卡壳，不知道接下来该讲些什么。她到底是经验不足，不懂得该如何救场，后来的几分钟里，沉默占了多数。

她的头越来越低，慌乱掩盖不住，规定时间一到，便向台下鞠躬，小声地说了句“谢谢”，便匆匆躲回后台。

台下的反应平平，顾简程拼命鼓掌，却仍然无法带动太多其他的观众。

他目睹女孩失落的背影消失在后台的阴影中，心中五味杂陈。

就算相同的钢琴曲还能用机缘巧合来解释，一向沉默寡言的林聿西会参加演讲比赛，绝对不可能是偶然，顾简程的猜想得到验证，却没办法高兴起来。

看得出林聿西尽力了，但很多事情并不能一蹴而就，而归根结底，是他出的主意害得林聿西出丑了。

她会责怪他吧。

5

顾简程的不祥预感成真，从那天起，“心事储藏柜”再没有收到林聿西的留言。

互联网维持的联系脆弱不堪，说断就断，顾简程唯一庆幸的是，自己还能假装若无其事，以同学的身份与她继续相处下去。

日子一转眼就逝去了，很快到了元旦。或许因为这是高中时期的最后一个节日，大家都在极力把它过得隆重点，早早便开始互送礼物。

在很多人的课桌上都堆满了各色包装盒的时候，林聿西的桌上仍是空空如也。顾简程走在街上，看到临街店面橱窗里摆放的麋鹿公仔，再挪不动脚步，鬼使神差地买了下来。

礼物是有了，但顾简程不能用自己的名义送，否则下一秒就会被草木皆兵的班主任叫去办公室约谈，他只好睁眼说瞎话：“林聿西同学，这是隔壁学校的女生夏雨托我转交给你的，祝你元旦快乐。”

“夏雨？她是谁呀？怎么会认识我？”林聿西迟疑地接过礼物，困惑地问。

“就是……对了，去年我们学校和隔壁学校不是合办过一次艺术展吗？她就是在那个时候认识你的，她觉得你唱歌很好听。”

事实上，那次艺术展，林聿西只在班级大合唱的节目中出现过。她既不是领唱，站的也不是前排，唱歌的音量和说话一样低，顾简程就站在她的正后方，都没怎么听到她的声音。

不过，这个礼物似乎很让林聿西开心，她眼睛里闪着激动的光，顾不上仔细思考顾简程漏洞百出的借口，道了谢，说自己会在下周一之前把回礼准备好，便如同小鹿似的跑开了。

这次是快乐的小鹿，不是胆怯的小鹿。

晚上，顾简程照例查看“心事储藏柜”的留言，惊讶地发现“Ever”发来了新消息。

是几张照片，主角都是他不久前送出的那只公仔，它被她放到了书桌上最显眼的位置。

她的头像也变了，不再是绝望的黑色，而是微笑着的麋鹿，让人看着就忍不住有好心情。

顾简程还没有找到合适的时机坦白自己的身份，这时候只能旁敲侧击地询问她之前演讲比赛的结果，还有她半个月没有消息的原因。

他忐忑地盯着聊天栏顶部“对方正在

输入”这几个字，盯得眼睛都发酸了，屏幕下方终于跳出了她的回复：“演讲好像被我搞砸了，后来我整个人都不太在状态，不小心把手机摔坏了。这半个月，手机都在维修厂，所以我才没有联系你。”

“那个……我后来想了想，是我把比赛这件事看得太简单了，我不应该草率地建议你去参加,对不起。”顾简程抓住机会，忙不迭道歉。

“啊？你千万不要误会，我没有怪你的意思。”这次她的消息来得很快，“说真的，我很感谢你给了我尝试的勇气。站到台上的那一刻，我恍惚间觉得自己成了闪闪发光的人，这是我从前想都不敢想的事情啊，虽然结果并不理想，但是我一点也不后悔。”

顾简程读完这段话，放下手机，活动了几下因为紧张而汗湿的手，大大地松了一口气。

幸好，幸好她没有怪他。

6

高考前夕，学校特别为高三学生开设的心理课即将结课，老师策划了“我想告诉你”的活动，邀请班里的学生两两组队，毫无保留地聊一聊，话题包括但不限于对彼此的最初印象，以及想要留给对方的祝愿。

老师的话音一落下，大家就开始吵吵嚷嚷地找寻队友，林聿西一个人站在最偏僻的一角，看上去有些窘迫。

顾简程径直走向她，微微俯身，认真地注视着她琥珀般纯净的眼睛：“林聿西同学，可以邀请你和我组队吗？”

林聿西受宠若惊，愣怔几秒后，才猛地点头。

老师允许他们自行选择聊天地点，顾简程带领林聿西去了宿舍区后方的小园林处。这里有几个座位和几棵枝叶繁茂的大树，平时人迹罕至，天然的隐蔽与寂静，能给予人最大的安全感。

林聿西靠在木制的椅子上，攥着校服外套袖口的手终于松开了。

“那么，我们开始吧。”顾简程从老师提供的问题卡片中随机抽取了一张，读出上面的字，“最近让你困扰的一件事是什么？”

林聿西眨了眨眼睛，欲言又止，于是顾简程自告奋勇：“我先说吧，我想想……近期最大的烦恼，就是怎么也做不出的数学题。我的脑袋它怎么总是转不动呢？要是能像你一样聪明就好了。”

林聿西被他拐弯抹角地夸奖，脸颊红了红，急忙摆手道：“我也不是所有题都会，每个人擅长的事情不一样，老师都说你的进步很大，你已经很棒啦。”

她说完，垂下视线，睫毛在眼下投出一小片阴影，再开口时，声音变得低落了不少：“我的烦恼，也不能说是最近的，其实它困扰我很久了……我是个，很不讨人喜欢的人吧，性子闷，长得也不漂亮，还很胖。”

她越说，声音越低，头也渐渐低下去，似乎是要把自己缩进一个无形的保护壳里。

顾简程的心脏被她的样子刺了一下，语气不自觉地软下来："能告诉我，你为什么会有这样的想法吗？"

她抬头看向他，眼中划过几分迷茫，过了一会儿才犹豫地回答："我不太确定，但我想，是因为小时候的那件事吧。"

7

林聿西原本不是这样子的，她也有勇敢开朗的阶段。她自幼学习芭蕾舞，穿着纯白舞裙，是舞台上的天鹅，璀璨灯光下的焦点。

可是啊，成长总是伴随着疼痛。

林聿西有先天性哮喘，不至于影响正常生活，但是需要长期服药。她正处于长身体的紧要关头，药物中含有的激素使她不受控制地发胖。

拖着笨重的身体，她再也穿不上珍爱的那套舞裙，原先轻易就能完成的旋转和跳跃，都变得无比困难。

她一次又一次摔倒，分明精疲力竭，耳朵却灵敏地捕捉到舞蹈室角落里同伴的窃窃私语——

"她这样子哪里像天鹅……"

"哈哈，你说得没错，她就是那只不自量力想要挤入天鹅群的丑小鸭吧。"

林聿西假装没有听见，拼命摇了摇头，把这些声音隔绝在脑海之外，再一次跳起烂熟于心的动作。

刻苦的练习有了回报，她赶在《四小天鹅》的汇报演出前，完全掌握了舞蹈。她孤注一掷，试图借助这一次演出，再次向所有人证明自己。

然而，她还是失去了这次机会。

指导老师找到她，笑容里带着些许尴尬，对她不再是夸奖："聿西呀，之前你也参加过好几次演出了，这次要不就把机会让给其他同学吧？"

大人的世界里，话总是说一半藏一半，他们总以为小孩子听不懂，可是小孩子又不傻，林聿西真的能猜到指导老师没有挑明的话。

汇报演出一向按照平时的考核表现选人，没有不能多次参加的道理，这次会把她换掉，无非是因为她太胖了，再当不了优雅轻盈的天鹅。

她脑袋嗡嗡的，在指导老师面前强装镇定，走到没人的地方，再也忍不住眼泪，哭得快要喘不过气。

怎么办，到了这个时候，她也不得不承认自己就是"丑小鸭"，而丑小鸭即便再努力，到了天鹅群中仍是格格不入。

后来，林聿西在一次练习中受伤，就此停止跳舞。

那些灰暗的过往似乎已然远去，却始终在许多不经意的时刻，助长她的自卑与胆怯。她变得越来越内向，不敢表现自己，不敢交朋友，走到人群中，总是下意识地把自己的存在感降到最低。

"大概……就是这样了。"林聿西的最后一句话说完，下课时间也差不多要到了。

这节课的最后一个环节，是给对方留下祝福，她沉默着写完，说了句"我去交给老师"，转身又想逃避。

顾简程急忙跟着站起身，叫住她："我

是真心觉得你很棒，学习好，刻苦认真，心地善良，而且一点儿也不胖。”

“任何人都很难被所有人认可，但是，我们不应该用他人的错误评价惩罚自己。”

林聿西的脚步停住，顾简程深吸一口气，接着说：“可以答应我一件事吗？在以后每一个想要退缩的时刻，都要尝试再勇敢一次。”

她没有立刻同意，他也不放弃，执着地等待着。

过了好几分钟，微风才将她呢喃似的回答送至他的耳畔。

她说：“好。”

8

在整个高中生涯，校服西装都少有用武之地，只有拍毕业照这一天才会被每个学生想起。

女生们偷偷涂上唇彩，用卷发棒把发尾烫卷，力求在镜头前呈现最好的自己，男生虽没有这么多讲究，但光是与领带斗智斗勇，就已经花费了不少力气。

顾简程在打出了无数个死结和奇形怪状的结之后，终于勉强把领带捣鼓成了它该有的样子。

他走到站位的最后一排，抬眼就看见林聿西也在往后走，赶紧伸出手，将她拦下。

林聿西发现是他，一瞬间的表情像是逃课的学生撞见老师，顾简程忍俊不禁，提醒道：“还记得我们的约定吗？当时你同意了，说会尽力做到有勇气一些。”

林聿西的脸色有片刻的凝滞，而后认命地点了点头，往前排走去。

负责摄影的老师拍了几张，似乎还是不太满意，指导几位同学调换位置。这下子，林聿西站到了第一排的正中央。

“好了，大家看我啊！”老师走回照相机前，挥了挥手，以获得关注。

大家将目光投向他，不约而同地把脊背挺得很直。

“三，二，一……茄子！”

这天万里无云，阳光正好，女孩的笑容定格在照片上，不再是怯懦的模样。

半个月后，林聿西收到来自北京大学的提前批录取通知书。在升旗仪式上，作为优秀学生代表，她进行了一次发言。

人不可能一下子变得完全不同，她的声音中仍带着微不可察的颤抖，但她正走在蜕变的路上。

顾简程相信，终有一天，她能成为无比耀眼的人。

在这之后，林聿西就不常来上学了。她的高考成绩只需要达到特定的分数线，这对她来说是小菜一碟，学校特许她在家自行复习。

姐姐的考研之战也告一段落，顾简程将“心事储藏柜”交还给原主，全心投入到高考复习中。

在埋头写试卷的间隙，他会不由自主地看向前排那个空空的座位。

林聿西的烦恼基本得到解决，事到如今，陷入困境的人成了顾简程。

他的成绩远远算不上优秀，即使有体育加分，能被哪所大学录取还是未知数。

他能考去北京吗？他能和林聿西拥有很长很好的未来吗？这些问题尽数无解。

顾简程明明是大大咧咧，心里装不下焦虑和忧愁的人，却因为这些不确定而一连失眠了好几天。

他见证过一朵玫瑰的盛放，这朵玫瑰于他至关重要，是他的独一无二。

遗憾的是，他并非了不起的人，没有过人的智慧，也没有超群的天赋，无法筑起美轮美奂的玻璃城堡，私藏这朵玫瑰。

9

再一次见到林聿西，是在毕业典礼上。

年级的集体活动结束后，班主任把学生召回本班教室。顾简程还惦记着刚刚过去的高考，纠结自己的数学计算题有没有算对，英语阅读有没有读懂，能不能被北京的大学录取……

直到心理课老师抱着纸箱子出现，他的注意力才归位。

"同学们，还记得自己之前写过的祝福吗？今天就由我来把它交到主人手上。"

展开粉红色的便签，女生清秀的字体映入眼帘——

"祝顾简程同学考上理想的大学，继续做体育场上永不服输的勇士。"

文字的末尾，还有一个简笔画的笑脸。

与此同时，林聿西眼前的便签上，是男生稍显潦草但落笔坚定的字——

"你从来都不是丑小鸭，你是天鹅。"

林聿西的鼻子倏然发酸。

她原以为她的高中时代会是灰暗的，与之前的很多年一样。然而，因为顾简程的存在，她开始相信自己在某些时刻，真实地抓住了光。

她转过头，视线穿过模糊不清的人影，穿过蓝白校服的遮挡，跨越她不愿回顾的过往，与男生的目光相触。

她眼眶发红，但笑容灿烂，用口型郑重地对他说："谢谢你。"

谢谢你费尽心思地开导我，谢谢你从我身上只看见优点，谢谢你相信我，胜过我相信自己。

被女孩的笑容晃了晃眼，顾简程心跳失速，情不自禁地随之勾起唇角，突然间不难过了。

未来的事，就留到未来再去担心吧，瞻前顾后不是他的风格。

现在，他只想告诉林聿西一个秘密。

他举起手机，向林聿西示意，然后登录进"心事储藏柜"的账号，找到微笑的麋鹿头像，飞快地输入文字——

"林聿西同学你好呀，我是顾简程。"

"这个账号从去年的四月到今年的四月，都是由我运营的，很抱歉一直没有向你坦白这件事，但我保证，我没有向任何人透露过你的隐私。"

"事实上，我并不知道隔壁中学有没有夏雨这个人，礼物是我自作主张送的，很高兴你喜欢它，感谢你的回礼，也为我的谎言说声对不起。"

"我想告诉你，天鹅不该被雪白的羽翼和华而不实的美丽概括，她们始终昂扬的脖颈和直面风雨的勇气更值得赞誉。"

"请一定要相信，你是真正的天鹅。"

因为人生啊，就像一座山、一条河，要立夏入冬，要遇险过滩。

流光记事

水生烟

1

立春日，从清早就开始刮风，直到太阳快落山时方才止歇。

云彩被风吹赶得不见踪影，天空显得愈发湛蓝高阔，阳光温柔几缕，灿烂金黄如甜酒一般。

夏怡坐在窗边发呆，手机屏幕暗下去好久了，她没有回复陈岩的微信。

微信上，陈岩问得委婉："大年初五，同学聚会，来吗？"

夏怡不是不想回答，而是不知怎样回答才算得体准确，才算出自真心。

严格来讲，高中三年，夏怡和陈岩同

级不同班，连教室都隔着一层楼板。

陈岩口中的同学聚会，其实是平时关系要好的几个老友相聚，亲近熟稔地践行着“人生大事，‘吃喝’二字”，但他此刻这样说，显然是有些生疏、别扭和小心翼翼的意思了。

两年前，陈岩从林学专业毕业后，也没怎么听从家人和朋友的意见，就考取了偏远山城的公务员。

他对自己的选择充满了热情热血，跑去那里种树育林、守护青山，一个春天过去，就把自己风吹日晒成了一块黑炭。

那个地方有多远呢？秋天时，夏怡去过一次。

一路高铁转大巴，又搭乘了陈岩同事来市区办事回程的顺风车，后来的一个多小时盘山路，左弯右拐得差点儿让夏怡的五脏六腑移了位。

夏怡到时，陈岩已经等在单位门口了。她远远地看见他，他微扬着脸，两只手像没处放似的，一会儿插进裤袋，一会儿又背向身后。

他们很久没见了，都有些不好意思，目光一碰就弹开，像触了火。

但也仅仅如此了。他们是诚实冷静的人，尽力避免伤人伤己，更是从不玩火。

他们出去吃晚饭，看上去明净豁亮的一家餐馆，水煮鱼的味道却很差劲，不新鲜的鱼肉浸泡在红艳艳的油汁里，腥与辣都很嚣张。

陈岩不动声色地将桌上的菜盘挪了位置，孜然牛肉被换到夏怡面前。

他抬眼看着她笑，牙白眼亮之间，有耀眼的温存和歉疚。

夏怡也笑了笑，像个乖孩子一样，将牛肉拌进米饭，大口大口地吃。

阳光明亮的上午，陈岩带她出去看风景。

这年深秋，气温却还没有低下来，庄稼也熟得晚，看出去茫茫一片又连着一片，金黄里掺着些青绿。

车窗开着，风景倒退，夏怡忽地开口：“你选择来这里的时候，有想过我吗？”

她也不等他说话，却将一只手臂半颗脑袋探出车窗，一时间风声贯耳，淹没了他的答案。

那风啊，迷了眼睛，呛了喉咙，她一句话也说不上来，眼泪就流了下来。

2

这世间有没有命运这回事？夏怡说不上来，只是，她偶尔会想起很多年前和陈岩的初见。

当时他们都才十二岁，在草长莺飞的公园里，夏怡好不容易才把自己的皮卡丘风筝放飞起来，正开心着呢，哪知没一会儿，她的皮卡丘就和一只大红金鱼风筝缠在了一起。

蓝天上、春风里，远远近近地飞着那么多只风筝。夏怡手里的风筝线绷得紧紧的，她的皮卡丘似乎马上就要挣断牵扯，和大红金鱼一起乘风而去了。

牵着金鱼风筝的少年陈岩昂着头，抿着唇，倔强模样初见端倪。

春天的风，忽一阵，呼啦啦席卷天地，

五颜六色的风筝们仿佛也乱了阵脚，天空里一片慌张。

夏怡和陈岩两个人离得不远，他们拉扯得吃力，但谁都没想放开手里的线。

十六岁时，他们读同一所高中，有时候陈岩从走廊经过，会看见坐在窗边的夏怡。

她总是安安静静地坐在位置上，语文成绩长年第一，英语作文也总被全年级当作范文。

高二下学期的一个休息日，陈岩去图书馆，在拥挤的地铁上遇见夏怡，文静瘦削的女孩微微缩着肩，被挤到一个陌生男人身边。

那是陈岩第一次感受到自己身体里陌生却汹涌的保护欲，自心底涌出，热流如电如烈阳，瞬间将他覆盖。

他想走到她身边，照顾她、保护她。

后来他们成了朋友，很好的朋友。整个高三阶段，她悄悄跟他分享小说，小说上贴着物理练习册的封皮；他吃完午饭回来，衣袖里藏着给她的奶茶。

十八岁，夏怡考去了上海，而陈岩去了哈尔滨。

可以天天见面时，他们年纪小，尚不能谈及喜欢或者爱。

等到成熟一些，他浅尝辄止地说了喜欢，却又烫嘴一般立刻换了话题。

大学毕业后，夏怡留在了上海。

他们都致力于自己的路，把自己嵌进理想轨道；他们都觉得没有担当的感情，不够资格称爱；他们都害怕稍纵即逝，连养花都不养昙花。

因为工作，陈岩常去野外林区，也常发一些照片给夏怡看。

有时候站在风里，他会忽然没来由地想：一个人的生活也像高山原野，不长鲜花就生绿草，风也来雨也过，牛羊也有狐狼也在。茫然时，不知道去哪里，不知道身在何处，而艰辛匆忙的这一路，遇见了谁，又错过了谁?

这样想时，他就忍不住在微信对话框里编辑一行字："夏怡，我很想你。"

然后，又一个字一个字地慢慢删掉。

3

大年初五的聚会，夏怡还是去了。

因为立春那天在她没回微信的时候，陈岩的电话就打过来了。

他低声问："你是不是不想见我？"

他提起深秋时的那次见面，说："没能好好招待你，环境糟糕，让你失望了，走的时候又看到你很难过，我很愧疚，很自责，觉得进退都是错。"

他说得直白，她怪他胡说，却又辩解："我只是……挂念你，但也没什么办法，只能叮嘱你好好吃饭，注意安全。"

陈岩就笑了："还有个四字箴言，怎么不说了？"

"做个好人"——如果用夏怡心底的语言来翻译，她想跟他说的是：不要轻易动心，不要喜欢上别人。

一笑之后，夏怡便也敞开了心扉，跟他倾诉疏于联络的这段时间里的不开心和不顺利。

她是很会读书的小孩，也考了很好的大学，并理想主义地放大了高考的成功。然而，理论知识的储备再充足，却未必能很快在现实中变现。

她在一家不错的律所工作，几天前，她参与的一场官司败诉，而律所即将裁员。

她说："小时候成绩好，逢年过节，我总能给爸妈长脸，可是现在就很丢脸，总觉得自己什么都做不好、什么也抓不住，而且回家过年，总要给家人买些礼物，我……"

那天，他们零零碎碎地说了很多话，直到夜色漫开，才挂断了电话。

接着，夏怡就收到了陈岩的微信转账。

他说："我这边花销少，自己攒了点钱。"

他说："你回来吧。"

他说："你不回来的话，我就过去找你，我去接你回来。"

他就这样说着，一句接着一句，终于把她说哭了。

她拒绝了他的转账，回他一句："我讨厌你。"

不解气，就又孩子气地补充："我不想跟你说话，不想看见你！"

可是，大年初五的聚会上，他们座位相邻，他看着她笑，牙白眼亮的，真欠揍。

后来，大家都喝了一点酒，闹哄哄的人声里，她凑近他的耳朵，问他："你说，当年我们为什么没把风筝放掉？如果它们缠缠绕绕地飞走了，现在我们是不是就不会这样？"

陈岩忽地转眼看她，鼻尖险些碰着她的鼻尖。

喜欢一个人，到很深很深的程度，就会变得有一点迷信。

4

当年，在草长莺飞的公园里，一阵风后，少年陈岩镇定地一圈一圈慢慢地缠着手里的线轴。

看着大红金鱼带着皮卡丘缓缓回归，夏怡欢喜得连连蹦跳，学他的样子小心地绕着线。

现在也是这样，他们即将厘清牵绊着的线，各走各的路——可是，他们不是风筝啊。

大年初七，夏怡出发回律所上班。她已经做好了心理准备，如果被裁掉，就重新找工作；如果被留下，就继续努力。

因为人生啊，就像一座山、一条河，要立夏入冬，要遇险过滩。

陈岩也是同天出发。高铁站里，夏怡拽了下他的拉杆箱，没话找话地说："行李不太重。"

他久久垂着眼，忽然叫她的名字，问她："我们该怎么办？"

夏怡看着他的眼睛，她摇摇头，一颗心却温暖而柔软。

临行前，夏怡抬手拥抱了他，温柔而深情地说："不管我的未来有没有你，你都是我韶华流光里，耀眼明亮的一笔。"

她没说"最"耀眼明亮，因为每个人心里最珍贵的，都是自己。

写给巷尾的诗

✽与 山

母亲说云港巷要拆除的那天，我特地骑车回到旧城区，去找云港巷巷口那棵百年梧桐树。

幸好这棵树还在，仍然能找到我当时埋在树下的铜盒子。铜盒经过几年的埋藏，表面已经生锈，里面是一些信件。说是信件，也不尽然，确切点说，是些被塑封过的信纸，并没有信封，因为当初写信时，我并没有打算把这些信寄给谁。

只有我会回来看，再看看我、相云和宋狄怀的故事。

1

遇见宋狄怀是我经历过最突兀的一件事，他像是游戏里推动情节的NPC(非玩家角色)，在某个必要的时间段强硬地加入我和相云之间。

万里无云的午后，我陪相云在代购店里买东西。这家小超市是前段时间才开的，里面卖的是苏浙沪的特色小吃。

相云在初中时就已经实现零花钱自由，她买东西时经常询问我的意见，最后把我挑中的那些送给我。因为这些，十六岁的我认为，相云和我是天下第一好，而我也有责任保护看起来瘦瘦弱弱的相云。于是，在店里看见宋狄怀时，我很生气。

宋狄怀是前一周才来的转学生，我们在同一个班，再准确一点来说，他是我的同桌。

那天，我们从人挤人的小店里出来，宋狄怀突然出现在我们身边，二话不说便抽走我的吉拿棒。等我反应过来时，吉拿棒已经被他送到自己口中，而后，他对着相云给出他的点评。

“实话实说，不是很正宗，以后别买了。”说完这句话，他就骑着自行车离开，而后又折回来，“对了，钱明天给你，我的同桌。”

相云反应得比我快，朗声说他没礼貌，宋狄怀却仿佛觉得是在夸他，对着相云扬起嘴角笑。

他长了一副好皮囊，笑起来眼睛里好像潋滟着湖光。

第二天上学的路上，相云突然对我说：“你不觉得他笑起来有点像月咏几斗吗？”

反应过来相云口中的他指代宋狄怀后，我一脸无奈。月咏几斗是我们小时候喜欢的动漫里的人物，我和相云房间里满墙壁都是他的海报。把两者在脑海中对比了一下，我慢吞吞回复她：“我觉得不像，月咏几斗不会抢别人的东西。”

2

和永远选不到正确的地理选择题答案一样，高中时有太多问题是我想不明白的，比如此时此刻，相云主动和宋狄怀说哪样糕点更好吃。一样的购物篮，宋狄怀的篮子里开始填满和相云一样的食物。

我跟在相云身后，试图打断她介绍的欲望，但这两个人的话太密集，像是两个许久未见的朋友一样，容不得我说什么。

这样的沉默持续到了回家。相云回去时很高兴，她主动给我讲了很多。我心情复杂，不明白相云这样做的理由，但很多事情也并不需要理由。

真正的朋友不该面对好朋友的分享欲却不做回答，我只能用简单的语言回复相云，听她讲我没听说过的那些事物。以前相云也会说，她讲话总是慢条斯理，充满趣味，三言两语就能勾起我的好奇心，但今天，我很不是滋味。

我察觉出她讲这些的意义不是因为我想听，而是在证明她和宋狄怀是一类人。不过这不需要证明，他们都见多识广，不同于我，囿于一方窄小的天地。

那天之后，突如其来的沙尘暴肆意地席卷了整座城市。学校担心出事故，放了好几天的假，我和相云几天没有见面。

我清楚地知道相云那样讲话我有点难过，可她想要说明的观点并没有问题。

察觉到我拧巴的那一刻，相云主动来到我家找我。

窗外沙尘漫天，屋内，相云和我一起坐在书桌旁。解开心结这件事是由相云主动提起的：“我知道那天冷落了你，所以我来道歉啦。”

我很羡慕相云的性格，相较我而言，她大方明朗，值得很多的爱。我拥抱住她，没有说明我真正难过的原因。

离开时她告诉我，以后宋狄怀会经常跟在我们身边，她问我会不会介意。我摇摇头。

到底有什么东西变了？就像我不会告诉她，她对我这么好，有时也是一种束缚，恰如此刻，我不能拒绝她。

那天之后，我开始学着习惯宋狄怀跟着我们这件事。

宋狄怀和我在期中考试过后还是同桌，相云的成绩在实验班依然数一数二。宋狄怀不知从哪里听说相云的数学成绩好，好几次拉着我去找相云，让她替我们俩补数学。

我们的课后日常不再是讨论哪里新开了食品店，也不再是会卖五元两根发绳的精品店，而是每日去省图书馆。他们俩经常为数学题展开激烈讨论，我若有所思地发着呆，看大大的落地窗外鸟雀乱蹦，一直到月亮出来。我的数学成绩和相云不相上下，他们的讨论对我而言没有任何意义，乐在其中的人并不是我。

月光如水，有多皎洁，就有多少凉意。

3

真正接受宋狄怀加入我们，是我生日那天。

那天，我如愿在当时很火的酒楼办了一场生日会，这是我恳求父母多日的结果。没有夸张的礼服，也没有许多好友，和我年幼时想象的一点都不一样。不过我很开心，相云和宋狄怀一起来给我庆生，我们一起切了三层大蛋糕。

这是第一个没有父母参加的生日宴会，我们的脸上满满都是奶油，显得很疯狂。

回到家里时已经是凌晨，我们坐在有声控灯的楼道中，相云注意到我精心编制的头发和奶油混合在一起，手指在我缠绕在一起的头发中间穿梭，速度不快，显得过分温柔。

我不合时宜地出声叫她："相云。"

她低沉地回应我，手下的动作却没有停顿。

"我觉得你适合得到最长久的爱。"我冷不丁地说出这样一句话，我知道相云会理解我藏在话里的意思。

"可是俞林，生命中没有什么东西是会一直拥有的。"

我不假思索，脱口而出："你会一直拥有父母的爱，拥有我的羡慕。"

这是我第一次坦白我羡慕相云，虽然她住在大院里，可我知道，他们家在市中心已经买好了房子，我清楚地知道我们之间的不同。

相云不再说什么，眼睛里有些哀愁，那时我难以明白这样的哀伤源自何处，彼时我只看得见她拥有的丰厚的物质条件。

于是我岔开话题："今天你们一起来为我庆生，我很开心，谢谢你。"相云显得快乐了很多，她承诺道："放心，以后每一年的生日，都会有我和宋狄怀在的。"

这天开始，我尝试接受宋狄怀和相云一起陪着我。不过一辈子这样的话，注定会是一句不完美的诺言。

老话曾经说过，话满则过，水满则溢，只有知足才能常乐。而我有些过于理想。

4

三个人的友谊总是不大愉快，具体到宋狄怀和我们一起出去逛街，路过的镜子里，他们俩清瘦挺拔，只有我的身高与体重不相符。

那时我嚷嚷着减肥一周有余，宋狄怀请我们出去吃饭。路过商场里做卡通人物棉花糖的店铺，宋狄怀提议进去看看。相云选择了一个可爱的图案让店家制作，而我微微嘟囔一句：“看起来就很棒。”

宋狄怀听过后挡住我看棉花糖的视线，我甚至分不清他的语调是嘲讽还是劝诫：“等到你什么时候瘦到——”他的视线转了一圈，锁定在某家电品牌门口的吉祥物玩偶身上：“那个玩偶一样苗条，再吃糖。”

我不想摆在台面上的事情，就这样被他轻易地说了出来。这是我第一次察觉到宋狄怀的直白，虽然是事实，但宋狄怀从来没有让相云难堪过。他的直白是挑对象的，我决定沉默以对。

相云想缓和这样的氛围，便将做好的棉花糖递到我手上：“没关系，俞林，想吃就吃，别听宋狄怀瞎说。”

宋狄怀这才反应过来话语里的不当，随手指了指图案上的懒羊羊：“对，其实懒羊羊也很可爱，没关系的，同桌。”

那天相云递来的棉花糖，我一口未动，我们各怀心事，像走流程一样地过完后面的项目。

也许是我过于敏感，我开始计较起食物的热量。一百克的计算单位，坚果的热量在五百大卡，鸡排是二百九十五大卡，蔬菜的热量最低。

我们每天的午餐都在学校食堂解决，我第一次拒绝了相云夹给我的红烧肉。互换食物的习惯在我们很小的时候就有了。相云爱吃绿叶菜，我认为绿叶菜寡淡无味，爱吃肉类。巧合的是，我拒绝相云红烧肉的那天，食堂没有做绿叶菜，事情变得很微妙。

那些红烧肉最终被宋狄怀夹走，而往后的日子，相云餐盘里的红烧肉悉数进了宋狄怀的肚子。

主动结束互换食物的人分明是我，但相云下意识把东西夹给宋狄怀时，我却有些难过。

转瞬到了高二上学期，我的减肥有了初步成效。当身边的人都为我高兴时，只有相云捏着我的胳膊叹气：“小俞，我还是喜欢你以前肉嘟嘟的胳膊。”

可我对现在的自己很满意，我渐渐长出柔顺的头发，买衣服不用再艰难地挑码数。

我第一次发现自己的对话天赋如此差，不知道该如何回复她，只有在几声干笑里把我们之间愈发疏远的事实写尽。

除了减肥有了成效，我身边的朋友也忽然多了起来。我想不明白缘由，但我喜欢不只有一个朋友的感觉。也许在我偶然知道宋狄怀会约相云一个人出去玩时，我就期待着有其他的朋友出现。

这样的发展势必会影响我们三个的关系。整个高二，我们一起回家的次数屈指可数，但我并没有太多后悔的情绪。

我不动声色地淡出了他们的世界。

5

高二升高三的那个暑期，为了跟上高三的学习节奏，我整个假期都在补习班里度过。最后一节课上完后，我在巷尾的便利店中热卤肉饭，脑袋里还在回想着当天背过的英语单词，宋狄怀和相云走进了便利店，他们的身影在晚霞的照映下显得分外亲昵。

看到我时，两人突然拉开了距离。

我脑海中一闪而过的想法居然是——我疏远他们俩之后，两人的关系竟然拉近得如此快。

在他们的注视下，我在那棵百年梧桐树下吃完了卤肉饭。我们终究没办法坦然面对这样的沉默，这一次，主动缓和氛围的人是我。

"暑期没有上补课班吗？"我歪头看向相云。

"没有呢。"

这天的天气很好，我突然明白了相云当初说的那句话。的确没有什么东西是我会一直拥有的，就连我曾经最在乎的友情也在波动中剩下无所谓的寒暄。而现在的我不会再去羡慕相云。

这天过后，相云有好几次来找我，但我假期的最后几天安排得满满当当。

和相云像小时候那样聊天是暴雨过后的一个夜晚，繁星如瀑。我们聊到初中毕业失约的毕业旅行。本来应该我们一起去的，因为我父母的反对，相云便一个人把她去过的城市里具有代表性的明信片给我带了回来。

现在提起来，显得有些遗憾。

相云主动提出："等高中毕业后，我们要不要一起去各地收集明信片？"

"好啊。"我答应得很快。

我也不会只是囿于一方窄小天地的女孩，虽然看世界的时间比他们晚一点，但还好来得及，十八岁的毕业旅行我不会再失约，我憧憬着这一日的到来。

该怎样形容这样的憧憬呢？

大概是阳光照射初春的草地，雨后放线菌的泥土香悄然漫开，美好又特别，呈现在我的十七岁。

6

进入高三后课业繁重，我暑期补课的成效在月考时得到了体现，月考表彰大会上，我是分数进步最多的同学之一。

在学习上品尝到努力换来的优秀成果，我快要落泪了。拿到奖状下台后，相云和宋狄怀在台下为我鼓掌，而相云依然懂我，她向我伸出双手，像以前很多次拥抱过我那样。

"小俞进步得越来越快了，这样下去，一定会取得一个好成绩的。"

有朋友鼓励，有未来招手，那段时间，我没有借口不去学习。而想起不久之前我责备宋狄怀的直白，现在回头看只觉得很好笑。

我们三人相遇的次数越来越多。有时我的身边会有其他朋友一起，碰见相云，我条件反射地松开朋友的手，有种我背叛了相云的感觉。但刚萌生这样念头的下一秒，宋狄怀就会骑着单车稳稳地停在我们身边，相云佯装吃醋打趣我："有新朋友了，我就不打扰你啦。"

我听出她语气里没有生气的成分在。

而后，相云坐在宋狄怀的单车后向我

挥手。

“有时我觉得，这样一辈子也很好。”

身边的女生听到我的话后，眼神从单词书挪到我脸上，嘲笑我：“拜托，高三念一辈子，你欠虐吗？”

“我知道，但我说的不是高三。”

眼见快迟到了，我们加快了步伐，她没有听清后面我补充的话。

准确点说，那句话应该是对我们三人重归旧好的感受。我希望人生每个阶段都可以有他们陪我。突然生出来的怅惘在我还未搞懂为什么出现时便在高压之下消亡。

高三上学期结束，相云家市中心的房子装修完毕，要从巷子搬到市中心居住。

按照旧习俗，搬家时要响一串鞭炮，寓意以后都会步步高升。那天巷子口的鞭炮声不断，巷子里的邻里目送相云走远，我站在人群之外。

他们会逐渐切断与相云家的联系，但我不会，我和相云还要陪伴彼此很久，我们还要在毕业时去旅游，收集明信片。和相云一起旅游的想法贯穿了我整个高三上学期，成为我坚持下来的目的。不过，将努力的意义寄托在一个人身上，最大的坏处就是随着人的离开，意义也将不复存在。

7

在我的记忆中，年末时相云和宋狄怀有一次吵架，那天补课班临时加了一节课，等我赶到，只有相云一个人在等我。

她哭得很惨，我不能主动问她到底发生了什么。成年后，我学会了不刨根问底。作为朋友，陪在她身边消化情绪才是我该做的。

这时，我想起我们幼时的一个约定。

“还记得晴天娃娃吗？”

相云点点头。

幼时的我很容易因为小事哭闹，是相云主动给了我晴天娃娃，年幼的她站在我面前和我做约定：“俞林，我们俩一看到这个就不可以哭了。”

我问过她缘由，她编造了一个很可爱的故事，大意是在晴天娃娃面前哭会被雨神听到，而后会一直下雨。幼时的我最烦的事情就是下雨，所以相信了她的故事。

有些事情注定是巧合，不然在母亲和巷子里的邻居讨论八卦时，我们俩怎么会恰好站在门口呢？

这个八卦有关宋狄怀。宋狄怀的母亲许久没有回来，不久前她另嫁，这时回来是要带着宋狄怀离开。

小小的风吹草动从人们的嘴里被传播很远，晴天娃娃的约定在那一刻失衡。

我小心翼翼地看向相云，她的双唇紧紧抿在一起，那双红润细长的手此刻已发白。她同我笑了笑，道：“我下次再来看晴天娃娃好不好？”没有等到我的回答，相云就跑了出去。

原本治愈我们不开心的晴天娃娃在那一刻成了难过的开关。

我第一次尝到世事无常的滋味。尽管我们有过疏离，可谁都没有想过会分开。面对三千多公里的距离，成年人亦要斟酌的鸿沟，此刻放在我们面前，更无法翻越。后来，我并不清楚宋狄怀是如何处理的，来年开春，他回到学校上学，准备参加高考。

没有人知道他如何劝阻那个控制欲极强的母亲，我还记得他刚来时总是和他的母亲争吵。巷子里的夏夜那么多乘凉的人，听到他们的争吵声神色各异。偶尔争吵过后，宋狄怀打开门，大家面面相觑，这对青春期的男生而言很伤自尊心。

我和相云从那时便约定不再去巷口纳凉——他不会乐意看见我们的。

久而久之，大家对宋狄怀的同情更甚，却再也没有人上前阻止他的母亲。

直到宋狄怀上高二，他的母亲才从悲伤中走出来，给了宋狄怀一些空间。但面临选择时，宋妈妈依然强硬，甚至有点固执己见。

宋狄怀就在这样的状态下过了两年。我感叹他的勇气，希望高考最后的日子，不会再有动荡发生。

8

不过，往往人们最真诚的祷告是不会被听到的。

我和相云一起毕业旅游的诺言最终还是没有实现。距离高考五十天时，相云家里突然发生意外。相叔叔一周没有回家，相阿姨打遍熟人的电话都不知道相叔叔的动向。直到相叔叔的公司打来电话告知他被紧急停职。

一周后，相云同我道别："小俞，我要转回妈妈家那边上学了。"

我这时才读懂那晚楼道里相云眼神里的哀愁是什么。

物质条件的丰厚实际上需要用家人的陪伴换取，经年累月不与妻女见面，相叔叔的心早已叛离这个家庭。直到被人检举生活作风问题，相阿姨这才明白事情的原委，相阿姨接受不了她拥有一段失败的婚姻，失望之余便决定带着相云回到南方的家乡，重新开始。

"那你的学业怎么办呢？"

相云头靠在我肩上，轻声道："我刚出生时爸爸事业刚起步，我妈担心我在这里接受不到好的教育资源，没把我们的户籍迁过来，她说如果爸爸事业发展不好，便带我去南方读书。阴差阳错，这次我可以陪妈妈一起回去了。"

原来我很想留住的瞬间，我没琢磨透的怅惘，都是在暗示离别。

比我更难过的是宋狄怀。

相云离开得匆促，他没有听到相云的任何消息，而我答应过相云不要把事情的真相告诉他。

我问她："真的不告诉他吗？"

相云同我讲了宋狄怀留下来的隐情。他母亲威胁说不再给予他生活上的供养，而宋狄怀毅然接受这样的条件。他母亲是真的狠心，没有再管过他。

分明不是我和宋狄怀之间的故事，我听起来却那么难过。

一段时间过后，宋狄怀停止寻找相云，他像个没事人一样参加高考，单方面履行着和相云一起考大学的约定。

高考结束后，我问过他为什么不联系他的母亲，他回答我，比起家乡，他更喜欢这里。

一个模棱两可的答案。

究竟是喜欢这里，还是在等待也许会回到这里的人？我没有再追问。

在最后，我们祝愿了彼此前程似锦。

这就是最好的结局。

9

高考结束的那个假期，我独自参加了毕业旅行。我将所到之处所有的明信片收藏起来，寄去相云给我的地址。

结束旅行是半个月后，那个午后，我睡醒后，天蓝色的窗帘被风高高吹起，暗示一场暴风雨的来临。我忽而察觉到，巷子里的很多人已经搬走，也许在不久的将来，承载着我成长记忆的云港巷也会不复存在。

于是，我开始在暴雨天写信。信纸还是高一那年宋狄怀送给我和相云的，我将它放在我的窗边，它被太阳晒得已经有半面泛黄。

我写我们三个人的相识，写我自己的成长，一切都好像历历在目。

写完我记忆最深的东西，我把它们拿去塑封。店主不解地问我："既然是拿信纸写的，就把它寄出去啊，干吗塑封？"

我那时是这么回答的，我说："这是寄给未来的我的礼物，不用寄出去，某天，我会回来看的。"

完成塑封的那一瞬间，我的心里涌起满足感，记忆被拼凑成一幅完整的拼图，永远不会被遗忘。我把它们放在铁盒里，埋藏到了树底下。

临近十九岁生日那段时间，我忙着参加大学的社团活动，适应每周十七节专业课。相云在高考中失利，决定再复读一年；而宋狄怀，据说他最后去了英国，学商务管理。

听到这个消息的一刹那，我笑出了声。这个骗子，还说更喜欢这里。

我们在各自的道路上行走着，好像一眨眼便成了如今的模样，我无比叹吁。

尾声

出差回来那天，我特意买了去台湾的飞机票，打算游玩一遍再回家。设想得很好，但落地后，我忽然不知道该去逛哪里。

最终在某个社交平台上，我询问当地人推荐去哪里玩。回复我的是一名本地网友，他告诉我可以去一中街品尝当地正宗的吉拿棒、天使鸡排和小农鲜奶做的绿豆沙冰牛奶。

正赶上学生下课，我排到了最长的队伍后面。看着这些小朋友，我突然想起来我的高中时代，见身边的他们打闹着，我有一种身处高中的错觉。

排吉拿棒的队伍终于轮到了我，我一口气买了许多种口味的吉拿棒，在我身后的女同学善意提醒我不要买这么多根，会腻。我摇摇头，告诉她我这是在宴请从前的我自己。

热气腾腾的吉拿棒拿在手中，我尝了一口，已经不知道它与我记忆中的味道是否相符，因为高中时代，直到吉拿棒的店铺关门，我也没有再踏进去一步。

不在特定场景下的食物索然无味。

我将没有吃过的吉拿棒送给后面的同学，转身离去。

你那边几点

✽苏小城

1

我是从大二开始从学校寝室搬到外面的出租屋的，那时候无法忍受八个人一起抢厕所以及晚上不能洗热水澡，于是毅然决然地跟着D一起去找房子。他说他搬出寝室是因为出租屋有电视，可以熬夜看球赛。

D是西北人，长得粗犷却心思细腻，经常把道理说得一套一套的。房子也是他通过朋友找到的，正好之前的住户去实习了，我们还能免半个月的租金。

我和他住的地方相隔一条街，就是那种每所大学外面都会有的堕落街。从早到晚，流动商贩与沿街店铺把整条街搞得热热闹闹的。凌晨，从网吧出来的同学会在烧烤摊一边喝点冰啤酒一边聊游戏。

我的房间很简单，一个衣柜、一张单人床，厕所倒是24小时都有热水，电视我基本没打开看过。我好像从小到大都不怎么看电视，因为总觉得别人的生活离我太遥远。

一个人的夜里，我开着电脑一边听歌一边混论坛，那会儿各种论坛聚集着不同我们再也回不到过去，我们只能向前，头也不回地向前。

午夜梦回，多希望爱如潮水，将我向你推。

兴趣的人，大家用不同ID记录生活，互相留言，互相关心，真是比现实中的朋友还要友好。

过了午夜，我和D会相约下楼吃烧烤，喜头鱼是每次必点的，我们都喜欢吃鱼，隔壁奶茶店煮的红豆奶茶很好喝，我们常常买四杯，喝不完的带回去继续喝。

那会儿我和D都是单身，两个人有很多时间聚在一起，他聊球赛我聊文学。反正两个人不管对方听懂了与否，总是一口气说很多话。

有一天深夜，烧烤摊都收摊了，我们喝完最后一口奶茶，D说："陪我走走吧。"

我问他："咋了？对谁动心了吗？"

他笑笑："还不是杨念。"

杨念比我们大一届，说起来跟我还算半个老乡，第一次组织老乡聚会，我对她没啥印象，大概是因为当时喝得有点多，只听到有人说杨念是学生会干部，以后大家有事的话可以找她。后来几次碰到，简单地打招呼，她总是板着一张没有表情的脸，好像谁欠她钱似的，反正我不怎么喜欢她就是了。

D是在那年新年晚会之后开始追她的，她当时是主持人，而D上台唱了一首Beyond的《海阔天空》，为此还收获了一众粉丝。但他却对她一见钟情，下台之后发誓要把她追到手。

可你也知道，学姐毕竟是学姐，哪能那么轻易追到手。碰了几次壁之后，D有点偃旗息鼓的意思。眼看杨念都要毕业了，他心里着急啊，常常半夜睡不着，拉着我聊天。

没办法，作为彼此唯一的朋友，我只能陪着他熬夜。我学会了看球，知道了那些耳熟能详的足球明星到底长啥样，我甚至还看得懂冰壶和棒球了，真不赖，好像这些夜熬得也值了。

那天我们绕着学校的小道散步，头顶上星光闪烁，我们有一搭没一搭地说着话。他问我："毕业后你回去吗？"

"还不知道呢，你呢？"

"应该会留下来吧，我听说杨念也会留下来。"

“那……那你准备怎么打算？”

“穷追不舍呗，哈哈。”说完他干笑了两声。

路过实验楼旁边的湖，我们看到有一个男生坐在湖边唱张信哲的《爱如潮水》，声音小小的，带着嘶哑。大概是失恋了吧？他是哭过吗？

无人得知。

我们站在不远处静静地听完了一整首《爱如潮水》。

毕业之后，D和杨念在一起了，我想起很多个失眠的夜里，他发牢骚，讲起自己的喜欢和欲望，说起对未来的渴望，说想和她一起去很多地方。

如今都实现了，而我还是一个人，从夏天到冬天，从一个出租屋搬到另一个出租屋。城市那么大，哪里都可以成为我的家。

大概晚睡的习惯就是跟D一起养成的，失眠好像成了年轻人的标配，如果你早睡早起，反倒成了别人眼中的异类。

2

我进了一家大型连锁超市做推广，每天早出晚归，节假日会加班到凌晨。这样的作息时间我觉得还好，反正我也不是能早睡的人。

我和郝孝仁一起合租了一套两居室的房子。郝孝仁本来不姓郝，但她是个天生乐观的姑娘，笑点极低，看到啥都觉得好笑，所以她给自己取了“好笑人”的同音——郝孝仁。

她白天在一家教育机构工作，晚上会跟一帮朋友玩乐队。那时我们家常常成为她和朋友们的根据地，练歌、喝酒，各种派对。

郝孝仁谈着一场异地恋，是从高中开始的，到现在已经好多年了。大家都劝她说赶快结婚，免得夜长梦多。但她一副无所谓的样子，说：“是我的，怎么也跑不了；不是我的，我拉也拉不住。”

有时候家里就我们两个人，她喜欢喝酒，总是抱着酒瓶看电视。她喜欢看斯诺克，偶像是丁俊晖。我就笑她：“不会是因为你男朋友跟他长得像吧？”

她喝一口酒：“你别说，还真有点像，都是肉嘟嘟的。”

“你男朋友怎么从不来看你？”

“我不让他来。”

“为什么？”

“我们俩一见面就会吵架，但又离不开彼此。很奇怪是不是？”

“嗯。”我似懂非懂地点头。

后来我才知道，其实两个人只能靠着高中那点美好的回忆牵连着彼此。上大学之后，联系就不多了，但彼此也没有说分手。反正也管不着对方，名义上是男女朋友，实则就是初恋罢了，回忆里的初恋。

郝孝仁在乐队里是鼓手，别看她瘦瘦小小的，打起鼓来跟换了个人似的，浑身都是力量，气势十足。我去看过几次她的演出，台下观众不多，但特别有氛围。

郝孝仁喜欢在深夜看电影，都是些老片子，偶尔会拉着我一起看。看过那么多，现在忘得差不多了，只记得一部台湾电影《你那边几点》。剧情其实也不太记得清了，名字倒是记得很清楚。

因为那个时候，我有个网友在巴黎，跟剧情有点相关。我也总问她："你那边几点？"

但郝孝仁一直不知道我有这么一个跨国网友，在她眼里，我是个特别无聊的人，会做几道菜，但不喜欢吃肉，坐马桶的时候会看报纸，喜欢养花，但不喜欢宠物，没什么朋友，好像对谈恋爱也不感兴趣。

这些都是她后来告诉我的。她说："良昭，你知道吗？我其实挺羡慕你的，你看似对什么都提不起兴趣，其实活得最明白。"

那个时候我和郝孝仁已经在一起有一段时间了，她和她的初恋早在年初就彻底分手了。而我和我的那个异国网友也不了了之，毕竟隔着千山万水，虚无缥缈的关系谁也拿不准。我删掉了她的 MSN，也卸载了这个软件，好像她从未在我的世界里出现过。

我和郝孝仁搬到了一座老房子里，楼下有一个大仓库，她还是和她乐队的朋友们一起练歌，而我坐在楼上的阳台上摆弄花花草草，活得像个上了年纪的人。

她说得对，我对什么都没太大的兴趣，对爱情亦如此。因为害怕分离，所以从不肯全情投入。我和她在一起，也没有谁承诺过什么，就那么顺其自然地在一起了。

但我也享受这种状态，不过分牵制对方，但每晚我们都窝在沙发上看一部电影，有时候也陪她看动画片，她会像小动物一样腻在我身旁。

3

我们一起去重庆看 D，我对郝孝仁说："D 是我大学时代最好的朋友，也是唯一的朋友。"她笑起来："可我从未听你提起过他。"

"没有吗？我以为我说过很多次了。"

D 开了一家咖啡馆，当然也没跟杨念在一起。分手之后他一个人去重庆旅游，然后留在了那座城市。

他说："你们来了肯定也不想回去了。"

我不信，郝孝仁也不信，所以我们打算一起去试一试。

重庆的夜闷热，我们吃完火锅沿着江边步行，山上的房子灯火通明，江面上游船如织。郝孝仁在前面各种拍照，我和D走在后面抽烟。我问他："你和杨念咋分了？"

"这还用问？一开始就是我一厢情愿啊，人家根本就没有爱过我。"他说得倒是轻松。

"这样也挺好，你又自由了。"

"好什么啊，哥们都快三十了，着急啊。还是你好，不动声色就恋爱了，还一恋就是好几年。"

"哈哈，我也没想以后的，过一天是一天。"

郝孝仁在前面喊我过去合影，她在夜色里笑得灿烂。我想，这一天天地过下去，不就是永远了吗？

我们在重庆玩了三天，因为食物太辣我们俩都上火了，回去之后好些天才恢复。我们不是不爱重庆这座城，只是更喜欢自己熟悉的地方。

其实哪里不一样呢？但必须得有让你眷念的人或者事。

我妈喜欢郝孝仁，觉得她心直口快没什么心眼，虽然不太会照顾人，但对我还是挺真心的。我妈说得一点都没错，其实我心里清楚得很，她爱我比我爱她要多得多。

我妈时不时会打电话关心一下我们结婚的事，郝孝仁在旁边听得乐呵呵的，让我赶紧顺了我妈的意。我嘴上答应着，心里却害怕得很。

倒不是怕谁会变心，也不是怕没有勇气走到最后，只是怕我不能给她最好的。像我这样一个平庸到丢到人堆里都不会被人发现的人，我拿什么值得人家千金不换？

我的失眠变得很严重，经常梦到郝孝仁不辞而别，她走得干脆，我压根儿就找不到她。我开始夜跑，沿着民族大道跑到刘家村的加油站，再原路返回，路过麦当劳时给她带一个汉堡、一杯可乐。有时候她也跟着我一起跑，累得气喘吁吁，说："以后咱别跑了吧，真吃不消。"

更多的时候，凌晨的马路空旷寂寥，我一个人慢跑。遇到过夜班后匆忙赶路回家的人，遇到过酒鬼，遇到过失恋坐在马路边哭的女孩，遇到过抛锚的出租车，遇到过我这一辈子可能都不会再遇见的陌生面孔。

夜风习习，将每个人的心事都吹向远方。

回去的时候，郝孝仁有时候睡着了，有时候还在看电影。我们已经熟悉到不再多言语，各自忙着自己的事，反倒是这样的夜让我感到安心。

我需要的是沉默中的力量，不言不语并不是无话可说。很多话都在心里，彼此都懂。

这夜啊，漫长而寂静，像极了我们的人生。

4

2015 年夏，我去重庆参加 D 的婚礼，新娘是他店里的员工。真不容易啊，从小店员做到了老板娘。D 一脸真诚地对我说："要不是因为她，估计我的店早就关门大吉了，多亏她，让我拥有了全世界。"

爱情里的人真是矫情，但我认了。我真心替他高兴。

婚礼结束之后，我和 D 在他的店里喝酒，聊起从前在大学里的事，那些像老电影般的画面从眼前徐徐而过。

时间一晃就过了十年。

十年间，我们爱过很多人，也被很多人爱过。

当年那个在湖边唱《爱如潮水》的男生，应该也找到了属于自己的幸福吧。

D 的人生也开花结果了，而那些错的人，最终将他推到了对的人面前。

本来我也应当拥有这种幸福的，但也许时间还未到，或者是因为别的原因，反正我和郝孝仁分开了。她去了巴黎。

我时常觉得人生就是一个巨大的玩笑。

我们偶尔还有联系，毕竟两个人之间没有深仇大恨。说来也可笑，我们分手，仅仅是因为她想辞掉工作全情投入乐队，而我不同意。

最终她还是按照自己的意愿辞去了工作，和乐队一起去了巴黎，据说那边有一家独立的厂牌要签他们。

她走的那天天气晴好，风温柔得恰到好处。她抱抱我，说："保重啊。"

"保重。"

我们就这么分开了。

看她在巴黎的阳光下拍的照片，熟悉的笑容，只是身边站着不同的人。那些匆匆而过的路人，多么像我几年前夜跑遇到的那些人。同样有着陌生的脸，同样活在自己的人生轨道，同样不会成为日后想起的凭证。

但他们却真正见证过你一个人的孤独。

我爱她吗?

答案是肯定的。

但一开始我就说了，我爱她没有她爱我那么多。

即便如此，我还是一样的难过。这种难过没有因为爱得少而骤减。如今，我隔着时差想念着一个爱过的人。

很多次睡不着觉的时候，我想问问她："你那边几点？"

但发现话还未出口，就喉头哽咽。年轻的时候，觉得爱是不离不弃，是陪伴一辈子。

后来我想明白了，爱是一步一步往后退，推着我们向前的是时间。

我们再也回不到过去，我们只能向前，头也不回地向前。

午夜梦回，多希望爱如潮水，将我向你推。

永不消融的冬日薄雪

✽ 亦青舒

杜若若这个女孩子看起来总是奇奇怪怪的。大家都这么说。

体育课的时候女生都扎堆结伴地活动，三五成群地凑在一起讲八卦，好看的男生从她们面前经过的时候，她们便撩头发，一阵嬉笑，你推我挤。十几岁的年纪总有一些共同的特质，大家关心娱乐明星，心系热搜和爱豆，讨论“昨晚爆的热点你有没有看”以及哀嚎自家偶像为什么突然塌房了。

杜若若不这样。她好执着地做自己，规规整整地穿校服，梳一成不变的马尾，跟任何人讲话的时候都认真地望向对方，如果对方尴尬挠头，她就露出天真的不解。

问她明星和综艺，她十有八九是不接话的——不太清楚，不了解，不知道。她老这么直接地回答你，好像应该尴尬的是提问的人，而不是孤陋寡闻的她自己。

好在她成绩还行，但也不是出类拔萃的前几名。她有她自己的节奏，在喜欢的科目上近乎奢侈地投入时间，下课的时候也会痴迷地读小说和国家地理杂志，在不擅长的科目里就松松垮垮，被数学老师叫到办公室，聆听恨铁不成钢的训斥。她很温顺地低头听，也不反驳，结束之后像没事人一样地回教室，还会在路边抬头盯着冒芽的绿枝看，看得出神。

“春天来了，很快又会换成夏天，有的人会为时间的流逝感到心焦，而有的人决定好好享受每个季节的好天气，这是自然的馈赠。”

她的作文里这么写，被语文老师用红色的波浪线画下来，才毕业几年的语文老师很亲切地批语：“所以记得好好收集每一个喜欢的瞬间，这也是生活的馈赠。”

她笑一笑，把本子收起来。

杜若若擅长应付任何一种天气，但她最喜欢雨天。雨天她会带好长柄伞，穿黑黑亮亮的小皮靴。倾盆大雨的时候她会在路上不急不缓地走，看雨雾蒙蒙里的校园，庞大的建筑被雨水模糊边界。她到家以后会坐在房间里发呆一小会儿，听着雨什么也不干。晚上入眠时，雨声是最完美的白噪音。雨最好了，洗刷一切后，又带来转晴的瞬间，运气好的话还会创造彩虹。

然后就在某个雨天，她有了一位新同桌。转校生是个瘦弱文静的女孩子，一并温柔的还有她的名字——齐舒望。

舒望成了杜若若的朋友，她是接近完美的朋友人选，带着某种天然的不可抗的亲和力。杜若若在人际关系上向来疏离，但她喜欢舒望的一切，舒望写的字清瘦隽美，舒望对事物有独立的看法和态度，她尊重别人的看法，但又能恳切坚定地守住自己的态度。

没有人不喜欢齐舒望。杜若若有时会在这样的瞬间里感到一阵酸涩，向来佛系的她有时会产生一种自己也无法理解的好胜心，想要在舒望面前把事情做得漂亮，想要证明自己和对方一样好，想要证明杜若若是齐舒望够格的朋友，她们会在一个赛道里跑下去，然后在更高处相逢。

青春期的友情有时候堪比刻刀，能把人的性格雕琢出新的线条和形状。

舒望的刻苦和勤勉被杜若若复刻在了自己身上，她们几乎形影不离，日日相伴。夏天的时候两个女孩子一起去吃冰，穿同色系的裙子坐在奶茶店里写同一套教辅卷子；冬天的时候她们手牵手去逛商场，买新年饰品，互拆礼物，交换信件。

平安夜那天她们一起上晚自习，做题时，舒望用手肘戳了戳若若的胳膊。

“看，外面下雪了。”

是真的，难得下雪的南方小镇，窗外飘着入冬之后的第一场雪。教学楼里一阵骚动，有人在楼上对着窗外嚎——下雪啦。若若望着舒望笑，碍于严肃的班主任监管，尖子班里的她们也只敢悄悄往窗外瞟。但交头接耳的声音还是越来越大，大到班主任无奈一笑，干脆走出教室，嘴里念叨：“提前五分钟下课吧，一个个的都坐不住，声音小点哈。”

众人欢呼，跑出去看雪。南方的薄雪转瞬即逝，落地即融，下雪的时刻短而美，谁也不想错过这种瞬间。舒望和若若走在操场上，薄雪落在女孩黑色的羽绒服肩头。

“很快就是新年啦。有心愿吗？”若若问。

“心愿是去市一中。”舒望很认真地望着她，“若若你也要加油哦。我们要一起去，然后继续做同桌。”

“好呀。”

少年时代里承诺是应下来就一定会兑现的东西。杜若若为了自己的那声应答，硬着头皮做了很多并不喜欢的事情，学数理化，做没完没了的题。舒望是年级前十，她要去的地方自己也想去，就意味着需要比别人付出更多的辛苦和时间。她无法再成为松松垮垮的佛系少女，为了好朋友的心愿，她是能把自己燃烧一整年的人。

她们真的一起去了市一中，但文理分科还是在高二那年作为选择题送到了女孩们的面前。她看着志愿表发愣了好久，也知道舒望一定会选理科。

文理科学生隔着好几层楼，做了不同选择的人就会分开，进入不同的赛区。杜若若也说不清，她到底是更加憎恶数理化，还是更憎恶和好朋友分开这件事。

她习惯和舒望待在一起，或许她曾经是不问世事只关心天气和温度的小孩，但有朋友这件事让她突然意识到什么是孤独。被人聆听、陪伴和理解所带来的温暖，好像无法被任何小说替代。可她也意识到自己和舒望原来是不一样的人，舒望有的野心和自我，她没有。她并不是因为想要得第一才努力的，而是为了不被朋友抛下才奋力奔跑。

她对着志愿表扪心自问：我要成为什么样的人呢？

冬日的黄昏稀薄短暂，寒假就在眼前，她高兴不起来，闷头闷脑地和舒望一起在灌满寒风的大街上走。舒望看着一言不发的杜若若，也沉默着没有讲话。

快到家的时候，舒望对她说：“若若啊，你放心选，不管选什么，你都不会失去我的。”

选了文科的杜若若真的进入了自己的舒适区。在文科班里她得到很多赞美和认可，有过大放异彩的瞬间，甚至还作为文科生优秀代表和舒望一起出现在高三誓师大会的演讲台上。

虽然和舒望见面的时间更少了，但是她们依然是最好的朋友，是早上会挤时间一起在校外吃早餐的朋友，也是会一起在晚自习溜号请假出去吃夜宵的朋友。周末的时候，她们挤在若若的房间里一起看很老的电影，看《蓝色大门》里很年轻的张士豪对孟克柔说：“我叫张士豪，天蝎座O型，游泳队，吉他社，我还不错啊。”

孟克柔和林月珍的故事令人惆怅，所以她们约好，万一她们喜欢上同一个男生，那就一起放弃掉。

看完电影她们一起躺倒在木地板上，仰脸看着天花板。

舒望问若若："你有没有想过以后的生活？就是，变成大人之后的生活。"

"会赚钱。会穿得很职业，然后在出差的时候给你寄明信片。想去的地方随时都可以去，想见你的时候，就打飞的去见你。"

舒望点头："那可真不错。"

"你呢？"

"想成为很有竞争力的职场人吧，想把事情做好，在喜欢的城市里，过上自己期待的生活。"

"那我要和你在一个地方。"杜若若朝舒望那里挤了挤，"你去哪里我就努力去哪里。"

"好呀。"

杜若若和舒望长大了。高考结束之后，她们去了不同的城市念书，若若为此哭了大半个月。她只觉得长大之后可掌控的事情越来越少，不再是在充分时间里把考试准备好，就能得到想要的结果的简单模式。舒望在大学里很忙，偶尔给她写信，但更多时候会对她的消息已读不回。而她也差不多，要组织社团活动，准备论文，给杂志社写稿，参加报社的实习。

很久以前她觉得，好朋友是形影不离，是在一个赛道里并肩跑，是相互依靠，永远不在对方生活里消失的人。在文科班埋头做题的那些时间里，她一直祈祷高考赶紧来，她和舒望赶快长大，能在成年后做出更多随心所欲的选择。可是长大之后，她迎来的是更多的身不由己，为了赶论文会在图书馆里手机开着飞行模式坐一整天，会错过舒望的电话。约好要一起过的节日，会因为加班而被迫取消。她感到愧疚的时候，舒望总是说没关系。

"你只要做好你自己的事情就好了。好朋友不是必须时刻相伴的人，而是你需要时我就会出现的存在。"

她对着电话嬉皮笑脸但又内心忐忑地问："那要是我没出现的话，你会不会对我失望？"

"若若，你只要做自己，我就永远不会对你失望。"

她好像又回到选文理科的那个傍晚，看到让她放心做选择的舒望。那是永远不会辜负她的舒望，一直在前面领着她跑的瘦弱女孩，在一个奇妙的雨天，突然坐在她旁边说"你好呀"，从此让她变得不同的舒望。

长大才发现，和朋友分开的时刻总比相聚多，成年人的苦涩总比甜蜜多，就好像再怎么眷念十五岁肩头的薄雪，也永远无法留住短暂而美好的瞬间。喜欢的季节会过去，和朋友相聚后又是别离，但她记起语文老师写过的批语：要记得收集每一个喜欢的瞬间，因为那是生活的馈赠。

未完待续的夏天

✽牧 牧

1

高考前一周的某个下午，我把同学录分给了前后左右的同学，然后面色如常地抽出那张有些特殊的同学录，又拍了拍前桌："帮我递给周凡律。"

那上面写了有别于其他同学的文字——是来自黑塞的浪漫。但大部分还是一些无关痛痒的问题，姓名、微信、爱看的电影、喜欢的事物……周凡律接过去就开始写，而翻过背面，他停了笔。

这里就是在考验关系了，"对我的印象和想对我说的话"。看他闷头写了很久，我疑惑他不会是在写作文吧？传回来一看，实际上也没写多少。

说得也对，就我们那少得可怜的交集，估计他琢磨半天都不知该从何下笔。

爱看《飞屋环游记》，想去西班牙；我觉得你是一个外向开朗，有责任心的同学。祝你考上想去的学校，做想做的事，天天开心，没有烦恼。

周凡律是这么写的。

2

我其实不算一个外向的人。

高一的时候，学校现代舞社招新，陈

久久拉着我一起去报名，我排在她后面，得以在最后关头临阵脱逃。

陈久久握紧拳头："喂！说好一起报，我交完申请表你就改主意？"

"我可没跟你说好，"我远远地看了一眼现代舞社社长位子上那个熟悉的身影，轻声耍赖，"我说一起，是陪你一起过来的意思。"

周凡律可以说是我们学校的风云人物，我也毫不意外地被他的光芒吸引。只不过，性格使然，我并不奢望与他产生实际的联系，以至于后来，班主任让我在国旗下演讲，当得知要与周凡律搭档，我二话没说便以感冒未愈为由，拒绝了老师的安排。

印象比较深刻的还有某次的晚自习，周凡律离开教室，没过一会儿有同学跑回来传他在草坪栏杆那儿和一个女生聊了很久的天。

"校服都给那女生披上了。"

"走，去看看！"

这一看，看得第二天早自习大半个班被罚站。

班主任先是站在讲台上痛斥那些被德育主任抓个正着的不守纪律的同学，又为看热闹的同学浪费自己宝贵的时间而痛心疾首，最后叫我上去发昨天的课堂听写作业。

周凡律站在靠窗户的角落，收到我递过去的作业，他看也没看，仍是一副放空自己的模样，然后下课铃响，他被单独叫去办公室谈话。

陈久久站了一节课，累得腰酸背痛，我问她昨天看着了吗，她说看到了。

"到底是什么人啊？"

"想知道？那你为什么不去？"陈久久咬牙切齿，却也没瞒着我，"普通同学呗，还能有什么事！"

安慰完陈久久，我拿着同学修正后交上来的作业去老师办公室，正好撞上周凡律开门，错身而过，我交完再出门，却没想到他仍站在原地。

之后便发生了我们同学近三年最长的一段对话。

"我记得这好像是你的。"他说。

"它上次被没收了。"我看着他手里的东西，那是我上作文课时偷看的小说，一时间分外尴尬。

"我还以为是你落在老师那的，就顺手……可能是她说教的时候太无聊了。"

"但是如果老师发现它不见了，会怀疑是我偷偷拿回去了。"

"呃，那我送还她？"

"谢谢，算了吧，她也不一定记得。"

我接过书，看着他有些不好意思地摸了摸鼻头，竟觉得他这个行为幼稚得有些可爱。

3

当然，这个插曲其实不具备任何意义，只是我们的交集太少，一点小事就很容易被记住而已。我和周凡律在之后的时间里依然不怎么说话，即使我对他有点兴趣，但也不至于真的付诸行动，只是无意间听到关于他的风言风语，我会看向他，像看小说一样想象他在风言风语里的样子。

如期而至的高考在我这里给了周凡律

一个无关紧要的结局。

考完之后，我和陈久久开启了疯狂的特种兵游玩。

乱逛后归家，陈久久跟我坐在小区花坛边，打开在二十四小时便利店买到的蛋糕，庆祝她十八岁生日。

“难以置信，这一天这么快就到了。”

我给她点蜡烛：“快点许愿，再耽误就到下一天了。”

“许完了，”陈久久给我分叉子，随意地提起了周凡律，“他报的哪个学校？”

我抬头对上陈久久带着笑意的眼睛，愣了两秒，缓缓说道：“很可惜，我不知道，他之于我们，大抵就是人生中普通的过客了。”

有人曾说过时间不是匀速流动的，忙忙碌碌和寂寞无聊用的是不同的参照系，那就很好解释，当我坐上去广州读大学的高铁，发现恍若隔世的高三只不过是两个月前的事。邻座的女孩子也是华南师大的新生，她从四中毕业，不知怎么就聊到了读高中时大家都有所耳闻的风云人物。

她那八卦之心顿时收不住了：“你们那届现代舞社社长蛮帅的，我朋友在市演讲比赛见过他之后一直在提。”

我惊讶：“你们那边也知道他？四中跟一中，跨了半个城耶！”

“当然知道啦，我们那可没什么值得讨论的，他叫什么来着……”

她自然而然地把零食分给我，我正准备伸手接过，却因高铁车厢自动感应门打开后出现的人影停止了动作。

4

正常情况下我应该跟她讨论很久，告诉她我们一中这届的现代舞社社长是谁，关于他哪些传闻是假的，哪些故事是搞笑的，然后以此为契机聊到更多的人……

但戏剧性的一幕出现了：周凡律突然出现在这里。

还以为我不会再见到他了。

周凡律推着行李箱走过来，然后对着手里的车票找位置，笑着叫我的名字，说我错坐到了他的位置。

怎么会啊，我下意识想掏车票确认。

“你朋友吗？”周凡律示意邻座女生，“那我们换也行，你的位置在哪里？”

“在……”

周凡律以为我是一个很外向的人，其实不是——在他当现代舞社社长的时候，我没敢去成为社员，他答应了国旗下的演讲我就像乌龟一样退缩回去，所以自然也无法八卦地跟着别人去围观他究竟有没有给那个女生披衣服。

好在我还是有抒发思绪的出路，因为他每一则绯闻都被我写进小说，还让我赚了不少稿费当零花钱。

也许，我真该外向一点了，不然多浪费这奇妙的缘分。

“……在我旁边。”我看着车票，冷静回答。

很巧，就像黑塞在《克林索尔的最后夏天》中写下的那句让我印象深刻的话，亦是我抄在他那页同学录上的一点私心：“全世界的水都会重逢。”

在这小小小小的人间

我不该这样，
我本该沉默。
但明白这一点又太迟了。

烧腊鸭曾是我的人生理想

✻曾颖

1

从很小开始，我就有一副好胃口，很多人都说我像“七把叉”，我最初不知道他是谁，后来看连环画，知道他是一个胃口奇好但最终在一次饮食比赛中被胀死的可怜家伙，为此我很忧伤。我忧伤不是因为人们说我像那个长得奇丑的瘦子，而是心痛地感叹，为什么这么美好的比赛，在我身边就没人举办呢？

父亲对我的大胃口颇有微词，认为我那样的瘦骨头根本不可能消化那么多饭。因为按当时供应的粮食定额，我每月只有24斤，父亲说，这只够你吃半个月，如果你再敞开肚子吃，那么别人就要挨饿了！

为此，母亲和父亲吵过几次架，她说，

我正是长身体的时候，她宁愿挨饿，也要给我吃。

同意她想法的还有我的外婆。在我“长身体”的那几年时间里，老人家每晚临睡前都会从家里跑几百米给我端来一碗饭，看着我狼吞虎咽地吃下去。她总说自己老了，胃口不好，吃不了那么多。事实上，直到三十年后的今天，她老人家已八十三岁了，依然能吃两碗白米干饭。遗憾的是，当年贪吃的我，却只在意饭菜的香味，而忘记体会饭菜背后隐藏的东西。

我的那种对食物疯狂的愿望和狂想，没有经历过那个时代生活的人是难以理解的。虽然饕餮之士历来是不分时间、不分地点存在的，但像我们那样被同样一段生活经历造就的贪吃，并最终形成一种不良生活习惯的并不多见。别人的贪吃是一种生理需求，而我的贪吃，完全出于一种被想象放大了的精神饥饿感，我觉得它属于一种心理问题。

为什么我要这样说呢？因为以我的亲身体验可以佐证。从童年到青年这个时段，包括我朦胧的青春期在内，我心中想的事大多与吃有关。在我感到饿的时候，我甚至感觉自己能吞下一头牛。而在那个年代，我最美的梦，大多是睡在像一张床那么大的油条上狂啃鸭屁股。按弗洛伊德的说法，这一切与人内心的愿望有联系。这一点我信，因为在很长一段时间里，我的理想就是努力读书，找工作挣钱，挣了钱，吃够烧腊鸭！

2

我从小就知道这个理想很丢人。因为它与我们从小被灌输的要为某项事业奋斗终身的宏大理想相差得实在太远。我也时常检讨自己的没出息，但不管怎样检讨，却总是难以扑灭这个理想。以至于吃够烧腊鸭，成为我顽固坚持的理想，一直保留到成年，并在机会成熟的时候，疯狂而猛烈地实现之。

所谓烧腊鸭子，实际就是卤板鸭，是我老家什邡的传统名特食品。什邡早年并不产鸭，但川西坝子素有沿河牧鸭的习惯。养鸭的人们赶着鸭子循河游牧，一群雏鸭经几个月的放牧，到达什邡时已成壮年肥鸭，就地卖给烧腊户。烧腊户将鸭杀死去毛，渍盐后用竹棍撑开拉平烤干，然后送入卤锅煮熟即成。卤锅中的卤水，以炒冰糖起底，加入酱油、胡椒、八角、山柰、茴香等，佐以熬骨的老汤，其香味足以使任何食肉类动物失去理智。

1970 年时，一只中型的肥硕油亮的

烧腊鸭仅卖八毛钱。但折合成米，也能买六七斤，因此，大多数还没解决温饱的家庭，除非逢年过节，平时是绝不敢轻易去消费的。

我承认，在我几十年的人生中，烧腊鸭子绝不算是最好吃的东西。但在人生初期，它绝对是我所见过的最好吃的食物。这有点像是爱情，初恋不一定最好，但一定最难忘。

我永远怀念少年时代那不多却刻骨铭心的吃烧腊鸭的记忆。每次爸爸发工资或得到点什么意外之财或和母亲吵架想讨好她，就会买上一只或半只，用油纸包着拿回家来，大致平均地分成四份，全家每人一份。这是我们全家难得的一段幸福时光，父亲喝着酒，我和弟弟端着各自那份块数不等的鸭子，互相比较着谁的肉多，并互换对方碗中自己爱吃的那一部分。而母亲，则将自己碗中肉多的那部分掐下来，放到我们两兄弟碗中，自己嘎嘣脆地嚼骨头。

在卤水中浸泡过的鸭子，浑身沾满了香气。加上细滑而嫩的瘦肉和带着点糖汁特有的焦煳香味的鸭皮，以及皮与肉之间闪着黄色晶亮油光的那层油，简直是我那小小人生中的极品食物。它比饭更香，比土豆更有嚼头，比莴笋和胡豆更有油气。请原谅，我能举出的比较物实在有限。总之，它是少年时代的我眼中最好吃的！比猪肉还好！

3

十几年之后，我参加工作了。那时节，鸭子也不再论只卖，而是一两元钱一斤了。我的工资虽不高，但集中火力每月吃上十几顿鸭子也还是没有太大的问题。于是，我就开始实现自己的人生理想：吃够烧腊鸭。

和很多不具实际操作性的空洞理想不同，我的这个理想极容易实现。其副作用便是，五年时间，我狂长了 50 斤。我当年单手拎一只鸭子边走边啃的豪迈吃相，至今仍是当年的老同事见面的谈资，如今回想起来，依然如鸭在口，满嘴生香。

我一直为自己这个不太有说头的理想耿耿于怀。但不久前在一次聚会上认识一个有千万身家的老总，闲聊时，他无意中说起自己少年时代的理想："吃够猪下水！"

那天，我差点扑上去与他拥抱。但因为两个大胖男人在公共场所拥抱太过于惊世骇俗，于是强忍住了。他也仿佛遇到了知交，说曾经遇到过很多同龄人，少年时代的理想多与食物有关……

父亲

✽芥川龙之介

这事发生在我上中学四年级的时候。

那年秋天，学校举办了一次从日光到足尾的历时三天的修学旅行。学校发给我们的油印通知单上规定："早晨六点半在上野车站前集合，六点五十分开车……"

那天，我连早饭也没正经吃就从家里跑出去了。心里虽想，坐电车到火车站，连二十分钟也用不了，但还是不由得感到着急。站在电车站的红柱子跟前等车的时候，也是焦灼不安。

天公不作美，阴沉沉的。令人觉得，四下里工厂发出的汽笛声一旦震颤那暗灰色的水蒸气，说不定就会化为一场蒙蒙细雨。在阴郁的天空下面，火车驰过高架铁道，运货马车驶向被服厂，店铺一家挨着一家陆续开了门。我站在那里的电车站也来了两三个人，个个都愁眉苦脸，显得睡眠不足的样子。好冷啊。——这当儿，开来一辆减价加班车。

车上很挤，我好容易才抓住拉手。这时有人从背后拍了拍我的肩膀说："早上好！"

我赶紧回头一看，原来是能势五十雄。他也跟我一样，身穿深蓝色粗斜纹哔叽制服，将大衣卷起来搭在左肩上，缠着麻布绑腿，腰上挂着饭盒包儿和水壶什么的。

能势和我毕业于同一个小学，又进了同一个中学。他哪门功课也不特别好，另一方面，门门功课也都过得去。不过有些事他倒来得乖巧，流行歌曲只要听上一遍就能把曲调背下来。修学旅行的途中晚上住旅馆，他就神气活现地给大家表演。吟诗、萨摩琵琶、曲艺、说书、相声、魔术，他样样来得。他还擅长比手画脚、挤眉弄眼来逗人乐。因而在班上人缘不赖，也获得了教师们的好评。我和他之间虽也有一些交往，可是说不上怎么亲密。

“你也来得挺早啊。”

“我一向来得早。”能势边说边蹙了一下鼻子。

“不过前些日子你迟到啦。”

“前些日子？”

“上语文课的时候。”

“哦，是挨马场训的那回吗？书法家也难免笔误嘛。”能势经常直呼老师的姓。

“我也挨过那个老师的训。”

“是因为迟到吗？”

“不，忘了带课本。”

“仁丹吹毛求疵得厉害。”

“仁丹”就是能势给马场老师起的绰号。说着说着，电车已开到火车站跟前了。

电车还是像上的时候那么挤，好容易才下了车，走进火车站一看，时间还早，同学才到了两三个。我们相互说了声“早上好”之后，就争先恐后地在候车室的长凳上坐下，照例兴致勃勃地聊起天来。在我们这个年龄，都以“老子”代替“我”，自鸣得意。自称“老子”的伙伴们，大谈对这次旅行的估计，议论旁的同学，并说些老师的坏话。

“老泉可诡啦。那家伙有一本教员用的英文读本，听说事先他连一回也没温习过哩。”

“平野更诡。据说考试的时候，他把历史年代都写在指甲上。”

“说起来，老师也诡。”

“可不是诡吗！本间连 receive 这个单词是 i 靠先还是 e 靠先都拿不准，他就靠那本教师用的读本好歹糊弄着教呢。”

我们开口一个“诡”，闭口一个“诡”，没一句正经话。能势旁边的凳子上坐着一个匠人打扮的人，在读报，他的鞋不但失去了光泽，而且前头还裂了口。当时流行一种“马金莱”鞋，能势就送给这个人的鞋一个雅号，叫“啪金莱”。

“‘啪金莱’可真绝啦！”大伙儿不禁笑了起来。

我们越发得意，就去注意出出进进候车室的形形色色的人，并一一加以只有东京的中学生口中才说得出来的刻薄的讥讽。在这一点上，我们当中没有一个老实人，其中尤以能势的形容最损，也最俏皮。

“能势，能势，看看那位大娘。”

“她那副长相活像一只怀了孕的河豚。”

“这边的搬运夫也似乎像个什么。你说呢，能势？”

“像卡尔五世（德意志神圣罗马帝国皇帝）。”

最后能势简直独自把坏话都包下来了。

这时同学当中的一个发现了个古怪的

人，站在列车时刻表前面，核对那些密密麻麻的数字。他身穿暗褐色西服上衣，深灰色粗条纹裤子里的两条腿细得像跳高用的撑竿一样。宽边旧式黑礼帽下面露出花白头发，看来已上了岁数。脖子上却围了一条黑白格子的醒目的手绢，腋下轻轻地夹着一根长长的紫竹手杖。不论服装还是举止，活像是把《笨拙》（英国讽刺漫画杂志）上的插图剪下来，将它立在这熙熙攘攘的火车站上了。由于找到了新的笑柄而兴高采烈的那个同学，乐得两肩直颤，拽拽能势的手说："喂，你瞧那家伙怎么样？"

于是，我们就把视线集中在那个怪人身上。那个人胸部略挺，从西服背心的口袋里掏出一只系着紫色绦带的镍壳大怀表，一个劲儿地核对列车时刻表上的钟点。我虽然只瞥见了他的侧脸，却一眼就看出那是能势的父亲。

但是在场的同学谁也不知道。所以个个都想听能势恰如其分地形容一下这位滑稽的人物，于是大家兴致勃勃地盯着能势，准备大笑一场。我当时作为一个中学四年级的学生，是无从揣度此时此刻能势的心情的。我差点儿冒出"那是能势的父亲"这么一句话。

这当儿，我听见能势说道："那家伙吗？他是个伦敦乞丐。"

不消说，大家哄堂大笑起来。有人还故意挺起胸，掏出怀表，学能势父亲的姿势。我不由得低下了头，因为我没有勇气去看当时能势脸上作何表情。

"说得妙！"

"瞧，瞧他那顶帽子。"

"贫民窟里才找得到吧？"

"贫民窟里也找不到的。"

"那么只好到博物馆去喽。"

大家又趣味盎然地笑了。

阴天的火车站黑得跟黄昏时分一样。我在半明半暗中悄悄地打量着那位"伦敦乞丐"。

不知什么时候透出了微弱的阳光，窄窄的一条光带从高高的天窗曚曚昽昽地照射进来。能势的父亲正好处在光带之中。不论目光所及的地方还是看不见的地方，周围一切都在活动，并像雾一样笼罩着这栋巨大的建筑物，难以辨别这是人声鼎沸还是物体的轰鸣。然而惟独能势的父亲却一动也不动。

这个身穿旧式西服、与现代风马牛不相及的老人混在川流不息的人流当中，斜戴着过时的黑礼帽，右手掌心上托着系紫色绦带的怀表，依然像《笨拙》上的剪影那样伫立在列车时刻表前面……

事后我暗中打听出，能势的父亲当时正在大学的药房工作，是为了在上班途中看看自己的儿子跟同学一道去旅行的场面，才特地到火车站来的——事先他也没有告诉儿子一声。

中学毕业后不久，能势五十雄就患肺结核病故了。我们在中学的图书室为他举行了追悼会，我站在戴了制服帽的能势遗像前致悼词。我在悼词中加上了这么一句："你素日孝敬父母……"

三先生

✽南在南方

初冬，我回家，站在他家的门前，那副对联仍然鲜红。只是院子里没了他，挂在墙上的草帽让风吹落在地上，那牡丹的枝条看上去像是含着春天。

1

大人小孩儿都管他叫三先生，说“三先生放牛啊，三先生写字啊，三先生吃饭啊”。三先生答一句，嗯。平常三先生寡言少语，可嘴角却总有笑，有人就说了，要是三先生肚子能大点儿，活脱脱一尊弥勒佛嘛。

在我老家，三先生是个能人。在乡村，能人的标准首先是手巧。三先生手巧，把庄稼种得横看成行侧成列，会木匠活儿，会水泥活儿，又写一手好字，会画牡丹，还懂草药。在农村光是手巧只能是个匠人，要成为能人，还得心灵。三先生心灵，十里八村谁有个纠纷，谁有个红白喜事，都要请三先生。三先生包了毛笔，去了之后，会在纸上列个条理，这时他一改木讷之相，变得滔滔不绝，一是一，二是二，把事情理得通通顺顺的。

2

三先生是个奇人。他年轻时在院子里种的牡丹，极高大，开得最盛的时候有三百朵花。有一年来了个城里人想买，给的价格无疑是很高的，三先生不卖。那人不死心，第二天又来问是不是嫌钱少了。三先生说，钱再多也不卖。那人问：“为啥？”三先生只一句话：“我要留着看咧。”

三先生是个好人。当然，除了两件事情。一个是他媳妇快要逝世时，他上山砍柴，放声唱歌，并且唱的是酸曲儿。就有人说了：“你媳妇快没了，还有心思唱？”他说：“我不唱也救不了她呀！”接着唱开了。于是，就有人说他巴不得媳妇死好换新的。后来就不说了，因为三先生再也没找女人。每年媳妇的祭日，他总要做一桌菜端到坟前，唤媳妇的小名儿。

还有一件事是他写春联，几十年就那么一副：“黄金无种偏生诗书门第，丹桂有根独长节约人家。”有人觉得他过于张扬了，张扬是要有资本的，问题是三先生没资本，不穷也不富，晚一辈也没有能给他长脸的。虽说儿子在城里打工挣钱，但也不能把自家说成诗书门第吧？

但这些不影响乡亲喜爱、礼遇三先生。我跟三先生的来往从一本书开始。那年我回家带了一本《庄子》看，他似乎很兴奋我看这本书。因为庄子，我们说了许多话，他说到庄子鼓盆而歌的事情，夸庄子是神人。我忽然想起他当年唱歌的事情——也许跟庄子是一样的心路？他知道我写文章，隔日写了一句话：“世事洞明皆学问，人情练达即文章。”纸还有空余，又写了一句：“饥来吃饭倦来眠，眼前景致口头语。”我说：“是文字禅嘛。”他有一点吃惊，从此便对我另眼相看，到处扬我的名儿。

这般，我们就结成了松散的忘年交。我回老家，会到他那里坐一坐。他炒两个菜，温一壶酒，坐在屋檐下吃喝……一转眼，白霜已上头顶。

3

今年春天，他看上去消瘦多了，照例温了一壶酒，但这次他只是劝我喝，自己不喝，说是食管发炎了。我问有什么症状，他说有点噎，有点吐，已经吃了消炎药了。他这样说时，看了看那口新做的棺材。棺材放在堂屋的角落里，发着幽暗的光。接着他说：“去年冬天做的，看着气派吧？”我点头称是。他说：“你去摸摸。”我进屋摸了摸，他说：“土漆漆的，白杨树做的！”

在当地，差不多的棺材都用柏木，

没有人用白杨木做棺，因为白杨树木质太松软。他看出了我的疑问，呵呵笑了笑说：“村里的年轻人都出去打工了，剩下的都是老汉半老汉，哪能抬得动几百斤的柏木棺材？”

又说：“活着就是给人添麻烦，死了得让人轻松一下，最好是无‘棺’一身轻嘛。”他又一次快乐地笑了。

我劝他到县里医院做个检查，他说是要去一下的。

转瞬到了夏天，有次我打电话给父亲，父亲说三先生得了食管癌，他儿子回来领着上县里看了，一天医院也没住就回来了，说是已经六十多岁了，多活半年有啥意思。我叹气了一阵子，想着哪天给三先生打个电话。不承想，还没打就接到他儿子的电话，要我劝他父亲。说是像头牛似的，一辈子只知道辛劳，他是成心的，明明晓得自己病了，就那样遮遮掩掩，领着他去了医院，人家医生一确诊，他倒高兴坏了，豁着牙笑，坚决不看病……“他这样一弄，让我们当儿女的咋想？他白白当了一趟爹，白白把我们养大，啥也不要我们的，这不是打我们的脸吗？”

电话转到三先生手里，我劝他给儿女一个机会，就算是要死，也要减轻点苦楚。他平和地说了喝钡餐的事情，说那东西为啥会叫餐咧，看着怪恶心的。

又说：“邻近得这个病的人多，也有做了手术的，不中用，最后啥也吃不了，都受罪，做了手术受罪时间还长些。儿女的主意也对，想要花钱，我当然要让他们花钱啦。”至于如何花钱，他说保密。

我无话可说，隔几天打个电话给三先生，开始他接，后来接不动了，是他儿子接的。他的病情一天天恶化，他儿子说他最大的愿望是死在秋天，说是天凉了，气味小些。

三先生如愿死在初秋，据说昏迷了三次，都被儿女喊了回来。最后一次，三先生微微地说：“别再喊了啊，我太累了。”

4

三先生去世之后，枕下压着一张纸，列了菜谱、烟酒，规格都高出当地丧礼很多，这兴许就是他说的让儿女花钱的事情。菜谱的开头他孩子气地写着：“这一回我是睡着待客。”

另外，他给自己写了一副对联：

上联：莫放春秋佳日过

下联：且饮故人酒一杯

横批：恕不远送

据说，十里八村的乡亲看着这副对联都哭了。

初冬，我回家，站在他家的门前，那副对联仍然鲜红。只是院子里没了他，挂在墙上的草帽让风吹落在地上，那牡丹的枝条看上去像是含着春天。

陌生人琐记

✽乔　叶

那天下午，在老家，我帮姐姐订煤球，送煤球的人性格很暴躁。我只是习惯性地挑剔说这煤球如何如何不好，他就怒气冲冲地说："不卸了，我们拉走。"又说："我们不走了，就等着你试，你试过了我们再说。"又说："我们不要钱了，你先烧三天。三天后要是觉得好我们再要钱，不好我们就拉走。东西还是我的，钱还是你的！"

我一边听他自言自语一边看他卸着煤球，心想他要是边笑边说这些话该是一个多么像做生意的人。不过，这样也没什么不好，生意人难道就非得没脾气吗？

卸到最后，他把那些裂了缝的煤球一块块地砸到三轮车上，嘣嘣有声。有些没裂的煤球也被震裂了。看着他鼓鼓的脸，我不由得笑起来。

晚上看电视彩票开奖，其中一个环节是挑选现场彩民从塑料柱里往外扇气球，一个女彩民扇出了两个气球，在第三个气球就要飘出柱口的时候，时间到了，眼看失去了风力的气球要落回柱里去，主持人道："快扇，快扇！"——如是者三，似乎忘记了自己主持人的身份，全不顾已到的时间。比赛完毕，有两个彩民都扇出了三个气球，并列第一，然而奖金只有一份，我本以为主持人会让他们均分奖金，或者再扇一次，没想到他却说："你们两个压指吧。"压指压了几个回合，他们伸出的指都挨不着。主持人有些急了，又说："你们剪子石头布吧。"于是两个彩民就剪子石头布起来。一次就有了结果。主持人很欣慰地松了一口气，脸上充满了童真的快乐。

也许在很多人眼里，他的主持行为不够规范。但不知为什么，我很喜欢这样的他。

从裁缝店取回新做的旗袍，忽然间对扣子不满意，便去找附近城中村里那个盘中式扣子的女人。城中村的名字叫刘庄，全刘庄的人似乎都认识她。一问盘扣子的女人，便说："是找小福媳妇的，腿是不是不得劲儿？"——意思是瘸了。

找到她家，我便等着，看着她给我盘扣子。她很聪明的样子，手脚麻利。屋子里，只有厨房和她做活儿的卧室亮着昏暗的灯。

"东边人家那条狗真大。"我说。

"那是条大狗。"她说。

“您盘扣子很多年了吧？”

“二十多年了。”

“有个手艺真好。”

“就是没常活儿。到冬天才能旺一季。”

“价钱怎么定的？”

“一副扣子一块钱。”

“挺好。”

“是个事情，瞎干呗。”

看着窗外黑洞洞的墨色，不知怎的，觉得十分亲切温暖。多年之前，我不就在这样的家里生活过吗？这样的人家，从来没有让我感觉陌生过。

电视上播放怀念马三立先生的专题纪录片。他真是一个可爱的老人。在天津大街上，七八岁的孩子喊他：“马三立！”他一准儿满面笑容地答应，一边抱拳：“哎，哎，上学去啊？”没有一点儿架子。“我就叫马三立，人家喊我的名字对呀，干吗不高兴让人家喊啊，人家喊你是喜欢你啊。”他说。

在告别演出会上，他对拉板儿的师傅说：“您拉大板儿我太放心了，太放心了。您只管拉您的板儿，实在跟不上我就别跟了，咱们面儿不见底儿见。”

有人问他为什么不让儿子说相声，他说：“他脸上没买卖。”

“什么是买卖？”

“就是戏。”

众人大笑。——豁达，勤奋，自谦，平实。一个对艺术严格对生活宽容的老人，对自己严格对别人宽容的老人。

那天，容纳四千人的天津体育馆座无虚席，许多人流下了热泪。看着电视里的影像，远隔几千里，我也流了泪。他是个让人笑着落泪的人。我想，只要还有这样的人，这个世界就值得热爱。

有一次，坐高铁，坐的是一等座。钱花哪儿哪儿好，必须承认这一点。一等座的空间大，座椅更舒服。可能是人少的缘故，车厢里也相对更安静，人们也更淡定一些。我旁边坐的是一个四十多岁的女人，化着淡妆，很娟秀的样子。穿着民族风的裙子，上黄下黑，颜色鲜艳。更有趣的是外面的防晒衣是非常娇嫩的玫瑰红。我们的聊天就从衣服开始，我夸她穿得好看，她说：“现在这个年纪，不上不下的，都不知道该怎么穿了。穿得太嫩，不像样。穿得太老，不甘心。后来想想，管他呢，反正都这样了，想怎么穿就怎么穿，图个自己高兴。”

然后说她在湖北荆州长大，现在住北京。此时的高铁已经进入河北界，夏末初秋时分，一派浅浅的秋色。她说：“你看，这北方的田野，要是没有了绿庄稼，可真是荒凉。尤其是到了冬天，树都光秃秃的，什么都没有，看着心都发冷。还是我们湖北好看，稻田这时候还是绿的。那里的空气也好，人们的皮肤也好，女孩子也漂亮。就是冬天，树也是绿的，滋润得很。”我说：“我看惯了北方的冬天，觉得光秃秃的树也好看，有一种硬冷的美。”她笑了。

一路上就是这些闲话。她说得多，我说得少。

临别的时候，她送了我一个嫩嫩的芳香的莲蓬：“刚上市的，味道正好。我特别喜欢吃莲蓬。你也尝尝吧。”

有一次，坐软卧，是哈尔滨到武汉的

车，我从菏泽上车，到郑州下，不过三个多小时。进到包厢，我看到包厢的四个铺位，只有一个姑娘。她正埋头打着手机游戏，听到动静，问我这是什么地方。然后两个人便聊起来。她是从始到终的旅程。她是哈尔滨人，工作在武汉，也在那里结婚生子，可是还没有买房子，所以把孩子放在哈尔滨的娘家。这是刚刚看过孩子回来。

她长着一张典型东北姑娘的脸，大大的骨架，鼻梁挺直，眼角上扬，妩媚秀丽。我前不久刚刚去过哈尔滨，便和她聊起格瓦斯汽水，秋林红肠，松花江游船，酸菜馅饺子，圣索菲亚大教堂……我想起一种水果，小小的，酸甜味的，外面包着几片薄薄的叶子，像个小灯笼，似乎是野生的浆果，可是怎么也想不起当初听到的那个名字来。两个人琢磨了半天，她终于确定“是灯笼果，又叫姑鸟”。我终于也想起来，那个名字就是姑鸟。我们又在手机上百度了一下，这种水果又叫美国珍珠果。

临别的时候，我送她一本刚刚读完的小说，她送我几个梨，是我从来没有见过的梨，土黄色的底儿，有很可爱的红晕，汁水丰沛，果肉细腻。她说叫“黄果梨”。——告别时得到了这么美味的梨，是很适宜的。

那是在老家县城。一天夜里，我徒步去剧院看戏，散场时天落小雨，便叫了一辆三轮车。那个车夫是个年近五十的白衣汉子，身材微胖。走到一半路程的时候，我忽然想起附近住着一位朋友，我已经很久没见到她，很想上去聊聊，便让车夫停车，和他结账。

“还没到呢。”他提醒说，大约以为我是个外乡人吧。

“我临时想到这里看一位朋友。”我说。

“时间长吗？我等你。”他说，“雨天不好叫车。”

“不用。”我说。其实雨天三轮车的生意往往比较好，我怎么能耽误他挣钱呢？然而，半个小时后，我从朋友的住处出来，却发现他果真还在等我。他的白衣在雨雾中如一盏朦胧的云朵。

那天，我要付给他双倍的车费，他执意不肯。“反正拉别人也是拉，你这是桩拿稳了的生意，还省得我四处跑呢。”他笑道。我看见雨珠落在他的头发上，如凝结成团的点点月光。

负责投送我所在的小区邮件的邮递员是个很帅气的男孩子，看起来只有二十岁左右。染着头发，戴着项链，时髦得简直有点儿让人不放心。其实他工作很勤谨。每天下午三点多，他会准时来到这里，把邮件放到各家的邮箱里之后，再响亮地喊一声：“报纸到了！”

“干吗还要这么喊一声呢？是单位要求的吗？”一次，我问。

他摇摇头，笑了：“喊一声，要是家里有人就可以听到，就能及时地读到报纸和信件了。”

后来，每次他喊过之后，只要我在家，我就会闻声而出，把邮件拿走。其实我并不急于看，而是不想辜负他的这声喊。要知道，每家每户喊下去，他一天得喊上五六百声呢。

河的第三条岸

✽若昂·吉马朗埃斯·罗萨

父亲是一个尽职、本分、坦白的人。据我认识的几个可以信赖的人说，他从小就这样。在我的印象中，他并不比谁更愉快或更烦恼。也许只是更沉默寡言一些。是母亲，而不是父亲，在掌管着我们家，她天天都责备我们——姐姐、哥哥和我。

但有一天，发生了一件事：父亲竟自己去订购了一条船。

他对船要求很严格：小船要用含羞草木特制，牢固得可在水上漂二三十年，大小要恰好供一个人使用。母亲唠叨不停，牢骚满腹——丈夫突然间是想去做渔夫或猎人吗？父亲什么也没说。离我们家不到一英里，有一条大河流经，水流平静，又宽又深，一眼望不到对岸。

我总忘不了小船送来的那天。父亲并没有显出高兴或别的什么神情，他只是像往常一样戴上帽子，对我们说了声再见，没带食物，也没拿别的什么东西。我原以为母亲会大吵大闹，但她没有。脸色苍白，紧咬着嘴唇，从头到尾她只说过一句话：“如果你出去，就待在外面，永远别回来。”

父亲没有吭声，他温柔地看着我，示意我跟他一起出去。我怕母亲发怒，但又实在想跟着父亲。我们一起向河边走去了。我强烈地感到无畏和兴奋。

“爸爸，你会带我上船吗？”

他只是看着我，为我祝福，然后做了个手势，要我回去。

我假装照他的意思做了，但当他转过

身去，我伏在灌木丛后，偷偷地观察他。

父亲上了船，划远了。船的影子像一条鳄鱼，静静地从水上滑过。

父亲没有回来，其实他哪儿也没去。他就在那条河里划来划去，漂去漂来。每个人都吓坏了。从未发生过，也不可能发生的事现在却发生了。亲戚、朋友和邻居议论纷纷。

母亲觉得耻辱，她几乎什么都不讲，尽力保持着镇静。结果几乎每个人都认为我父亲疯了。也有人猜想父亲是在兑现曾向上天许过的诺言，或者，他可能得了一种可怕的疾病，也许是麻风病，为了家庭才出走，同时又渴望离家人近一些。

河上经过的行人和住在两岸附近的居民说，无论白天黑夜都没见父亲踏上陆地一步。

他像一条弃船，孤独地漫无目的地在河上漂浮。

母亲和别的亲戚们一致认为他藏在船上的食物很快就会吃光，那时他就会离开大河，到别的地方去（这样至少可以少丢一点脸），或者会感到后悔而回到家中。

他们可是大错特错了！父亲有一个秘密的补给来源：我。

我每天偷了食物带给他。他离开家的头一夜，全家人在河滩上燃起火，对天祈祷，朝他呼喊。我感觉到深深的痛苦，想为他多做点什么。第二天，我带着一块玉米饼、一串香蕉和一些红糖来到河边，焦灼不安地等了很久，很久。终于，我看见了那条小船，远远的，孤独得几乎察觉不到地漂浮着。

父亲坐在船板上。他看见了我却不向我划过来，也没做任何手势。我把食物远远地拿给他看，然后放在堤岸的一个小石穴里（动物找不到，雨水和露水也湿不了），从此以后，我天天这样。

后来我惊异地发现，母亲知道我所做的一切，而且总是把食物放在我轻易就能偷到的地方。她怀有许多不曾流露的情感。

母亲叫来她的兄弟，帮助做农活和买卖。还请来学校的教师给我们上课，因为我们已经耽误很多时光了。

有一天，母亲请人来到河滩，想驱走附在父亲身上的魔鬼。他对父亲大喊大叫，说他有责任停止这种不敬神灵的顽固行为。还有一次，母亲叫来两个士兵，想吓吓父亲，但一切都没有用。

父亲从远处漂流而过，有时远得几乎看不见。他从不搭理任何人，也没有人能靠近他。当新闻记者突然发起袭击，想给他拍照时，父亲就把小船划进沼泽地里去，他对地形了如指掌，而别人进去就迷路。在这个方圆好几英里的迷宫里，前后左右都是浓密的树丛，他不会被人发现。

我们不得不去习惯父亲在河水上漂浮这个念头。但事实上却不能，我们从来没有习惯过。我觉得我是唯一多少懂得父亲想要什么和不想要什么的人。

我完全不能理解的是他怎么能够忍受那种困苦：白天黑夜，风里雨里，酷暑严寒，却只有一顶旧帽和单薄的衣衫，日复一日，年复一年，生命在废弃和空寂中流逝，他却一点都不在意。从不踏足泥土、草地、小岛或河岸一步。毫无疑问，他有时也把船系在一个隐蔽的地方，也许是小岛的顶端，稍微睡一会。他从没生过火，甚至没有划燃过一根火柴，没有一丝光亮。仅仅拿走我放在石穴里的一点点食物——对我来说，那是不足以维生的。他的身体怎么样？不停地摇桨要消耗他多少精力？每到河水泛滥时，裹在激流中那许多危险的东西——树枝、动物尸体等等——会不会突然撞坏他的小船？他又怎么能幸免于难？

他从不跟人说话，我们也从不谈论他，只在脑子里默默地想。我们不能不想他。如果有片刻似乎没想他，那也只是暂时的，而且马上又会意识到他可怕的处境而从中惊醒。

姐姐结婚了，母亲不想举办结婚宴会——那会是一件悲哀的事，因为每当我们吃到精美可口的东西，就会想起父亲来。就像在风雨交加的寒夜，我们睡在温暖舒适的床上就会想起父亲还在河上，孤零零的，没有庇护，只有一双手和一只瓢在尽力舀出小船里的积水。

时不时有人说我越长越像我的父亲。但是我知道现在父亲的头发胡须肯定又长又乱，指甲也一定很长了。我在脑海里描出他的模样来：瘦削，虚弱，黝黑，一头蓬乱的头发，几乎是赤身裸体——尽管我偶尔也给他留下几件衣服。

看起来他一点也不关心我们，但我还是爱他，尊敬他。无论什么时候，有人因我做了一些好事而夸我，我总是说："是爸爸教我这样做的。"

这不是确切的事实，但这是那种真诚的谎言。

我说过，父亲似乎一点也不关心我们。但他为什么留在附近？为什么他既不顺流而下，也不逆流而上，到他看不见我们，我们也看不见他的地方去？只有他知道。

姐姐生了一个男孩。她坚持要让父亲看看外孙。那天天气好极了，我们全家来到河边。姐姐穿着白色的新婚纱裙，高高地举起婴儿，姐夫为他们撑着伞。

我们呼喊、等待，但父亲始终没有出现。姐姐哭了，我们都哭了，大家彼此搀扶着。

姐姐和她丈夫一起远远地搬走了，哥哥也到城里去了。时代在不知不觉中变迁。母亲最后也走了，她老了，和女儿一起生活去了。只剩下我一个人留了下来。

我从未考虑过结婚。我留下来独自面对眼前的困境。父亲孤独地在河上漂游，他需要我。我知道他需要我，尽管他从未告诉过我为什么要这样做。

我固执地问过别人，他们都告诉我，

听说父亲曾向造船的人解释过。但是现在这个人已经死了，再没有人知道或记得一点什么。每当大雨持续不断，就会冒出一些闲言碎语来，说是父亲像诺亚一样聪慧，预见一场新的大洪水，因此造了这条船。我隐隐约约地听见别人这样说。不管怎么样，我都不会因这件事责备父亲。

我的头发渐渐地灰白了。

只有一件事让我很难过：我有什么不对？我到底有什么罪过？父亲的出走，却把我也扯了进去。大河，总是不间断地更新自己。大河总是这样。我渐渐因年老而心疲力竭，生命踌躇不前。同时遭到疾病和焦虑的袭击，患了风湿病。他呢？为什么，为什么要这样？他肯定遭受了更可怕的伤痛，他太老了。终有一天，他会精疲力竭，只好让小船翻掉，或者听任河水把小船冲走，直到船内积水过多而沉入滚滚不停的潜流之中。这件事沉沉地压在我心上，他在河上漂泊，我被永远地剥夺了宁静。我因不知道到底发生了什么而感到罪过，痛苦是我心里裂开的一道伤口。也许我会知道——如果事情不同。我开始猜想什么地方出了差错。

别想了！难道我疯了？不，在我们家里，这么多年来从没提到这个词。没有人说别人疯了，因为没有人疯，或者每个人都可能疯了。

我所做的一切就是跑到岸边，挥舞手帕，也许这样他会更容易看见我。我完全是强迫自己这样的，我等待着，等待着。终于，他在远处出现了，那儿，就在那儿，一个模糊的身影坐在船的尾部。我朝他喊了好几次。

我庄重地指天发誓，尽可能大声喊出我急切想说的话："爸爸，你在河上漂游得太久了，你老了……回来吧，你不是非这样继续下去不可……回来吧，我会代替你。就在现在，如果你愿意的话。无论何时，我会踏上你的船，顶上你的位置。"

说话的时候，我的心跳得更厉害了。

他听见了，站了起来，挥动船桨向我划过来。

他接受了我的提议。

我突然浑身战栗起来。因为他举起他的手臂向我挥舞——这么多年来这是第一次。我不能……我害怕极了，毛发直竖，发疯地跑开了，逃掉了。因为他像是另外一个世界来的人。我一边跑一边祈求宽恕，祈求，祈求。

极度恐惧带来一种冰冷的感觉，我病倒了。从此以后，没有人再看见过他，听说过他。

从此我还是一个男人吗？我不该这样，我本该沉默。但明白这一点又太迟了。我不得不在内心广漠无际的荒原中生活下去。我恐怕活不长了。

当我死的时候，我要别人把我装在一只小船里，顺流而下，在河上迷失，沉入河底。

傻子

卡森·麦卡勒斯

一直就像是我独自拥有一间房。傻子跟我同床而眠，却不会带来任何干扰。房间是我的，我想怎么用就怎么用。记得我还曾经在地板上锯开一扇活门呢。

去年上高二的时候，我把从杂志上裁下来的一些女孩子的照片钉在墙上。我的母亲从不为我操心，因为她有更小的孩子要照顾。而傻子总认为我做的一切都无可挑剔。

无论什么时候，只要我想带某个朋友回房间，我只需对他瞥一眼，傻子就会撇下任何正在忙碌的事情，也许还会朝我微微一笑，然后一声不吭地离开。

他从来不带小孩来房间。他比我小四岁，却总是知道我不想让与他同龄的孩子乱动我的东西，根本不需要我告诉他。

一直以来，我多半会忘了傻子不是我的亲弟弟。他是我的堂弟，可事实上，打我记事起他就在我家。你看，他还是个婴儿的时候家人就死于沉船事故。对我和妹妹们而言，他跟亲兄弟没什么两样。

傻子一贯总是记住并相信我说的每一个字。就因为这，他才有了这个绰号。几年前的一次，我告诉他，假如他撑一把伞从车库顶上往下跳，伞就可以当降落伞用，因此他不会摔得太重。他真做了，于是摔破了膝盖。这仅仅是一个例子。有趣的是，无论被愚弄多少次，他仍然会相信我。在其他事情上他并不傻——只是跟我一起他才会是这个样子。他会看着我做每一件事，并默默地记在心里。

我意识到一点，它让我愧疚，也让我百思不得其解：如果一个人很崇拜你，你会鄙视他，不在乎他　然而，正是对那个根本不注意你的人，你却往往很崇拜。要意识到这，其实并不容易。今年毕业班的梅贝尔·沃茨，甚至还羞辱我。然而，即便是此时此刻，我还是愿意做天底下的任何事情来引起她的注意。我想，从傻子小时候一直到现在，我对待他就如同梅贝尔对待我一样坏。

既然傻子变化这么大，要记起他过去

我怀念傻子和我之间一度有过的奇特的并非愉快的相处方式，这要是放在以前我绝不会相信。

的样子真有点难。我从没想象到会突然发生一些事情，让我们两个人都跟以往大不相同。我从来不知道，为了厘清头绪，我会回顾他的过往，做一些比较，为的是让事情得以解决。如果当初有这个先见之明，我也许会有另一番表现。

我从来不太注意他，也不去想他，因此，考虑到我们在一起住了这么长时间，记得的事情却只有区区几件，你会觉得十分滑稽。过去，当他以为只有他一个人的时候，他会自言自语好一阵子——全是关于自己大战歹徒、在牧场游荡这类孩子气的事情。他会在浴室里待上整整一个小时，而且，有时他的嗓门会非常大，非常激动，整栋楼都能听到他的声音。不过，通常情况下，他很安静。

他在附近没有多少一起玩耍的男孩，从表情上看他就像是一个密切关注着游戏，急盼着被邀请参与的孩子。

他不介意穿我穿不上的毛衣和外套，哪怕袖子肥得松垮垮地挂下来，让他的手腕看上去似小女孩的那么纤细和白净。

这就是我记忆中他的模样——每年都会长大一点，但还是老样子。傻子一直就是这样，直到几个月前开始出现这些烦心事儿。

由于梅贝尔一直就莫名其妙地纠缠在所发生的一切当中，我想我应该从她讲起。认识她之前，我不怎么花时间去理会女孩子。去年秋季的通用科学课上，她坐在我旁边，那时我才开始注意她。

她的头发是那种我所见过的最鲜亮的黄色，有时候，她还用某种黏性的东西把它固定成卷。她的指甲很尖，仔细修剪过，并被涂成亮红色。

那时，我整堂课都注视着梅贝尔，除非我认为她准备朝我这边看，或者是老师叫我的时候。首先，我实在忍不住要去看她的手指。除了涂上去的红色东西外，它们是那么小巧白净。如果要翻书，她总是先舔一下大拇指，再伸出小指，然后慢慢地翻。描述梅贝尔是不可能的事情。所有的男孩都对梅贝尔如痴如醉，可她甚至都没注意到我。这主要是因为她比我大差不多两岁。

课间在大厅里，我尝试着贴着她身边经过，可她几乎从来不会对我微笑。

我只能坐在课堂上看着她——于是有时候，仿佛整个教室里都能听见我心跳的声音，我想大声叫喊，或快速逃离，找个地洞钻进去。

夜里躺在床上，我会想着梅贝尔。为此，我经常到一两点钟还没睡着。有时，傻子会醒来，问我为什么心神不宁，我就让他闭嘴。

我想，多数时候我对他的态度极其恶劣。我猜想，我是想像梅贝尔忽视我那样去忽视某个人。你总是能从傻子的脸色辨别出他的情感受到了伤害。我肯定说了一些难听的话，只是我不记得了，因为说这些话时，我满脑子想的都是梅贝尔。

这种情况持续了将近三个月，接着，不知怎么，她开始变了。

她会在大厅里跟我说话，而且每天早上都抄我的作业。有一次午餐时间，我跟她在体育馆跳舞。又一天下午，我鼓足勇气到她家去。她很友好，因此，在我看来一切都将改变。

可就在当晚，这些麻烦真正开始了。我很迟才回房间，傻子已经睡着了。

我异常兴奋，翻来覆去地想找个舒适的睡姿，所以很长一段时间我一直醒着，心里想着梅贝尔。后来，我又梦见了她，醒来时却发现周围漆黑一片，因此，我感到非常意外。

我静静地躺着，过了一会儿才回过神来，知道自己在什么地方。房子寂静无声，夜晚非常黑暗。

傻子的声音把我吓了一跳。

“皮特？……”

我没有回应，连动都没动一下。

“你真的喜欢我，就像我是你的亲弟弟一样，不是吗，皮特？”

这惊得我半天回不过神来，好像这才是真正的梦，而不是先前的那个。

“你一直把我当亲弟弟一样喜欢，不是吗？”

“当然了。”我说。

然后，我起床待了几分钟。天很冷，我回到床上，心情愉悦。傻子抱住我的后背。他让人感到小巧可爱又很温暖，我能感觉到他温暖的气息吹在我的肩膀上。

“不管你做了什么，我都知道你是喜欢我的。”

我睡意全无，脑子里似乎有些莫名的混乱。既有关于梅贝尔之类事情的快乐，但同时，傻子的一些事情以及他说话的声音引起了我的注意。

不管怎样，心情大好总比忧心忡忡时能更好地弄懂别人。似乎到目前为止我都没有真正地考虑过傻子。

我觉得一直以来我对他太刻薄了。几周前的一个深夜，我听见他在黑暗中哭泣。他说他把一个男孩的玩具气枪弄丢了，害怕被人发现。他想让我告诉他应该怎么办。

我很困，想让他保持安静，他不愿意，因此我就踢他。这只是我记得的事情中的一件。在我看来，他一直就是个孤独的孩子。我的感觉糟透了。

寒冷的黑夜里总是会有某些事让你觉得跟那个与你同床共眠的人有亲近感。当你们交谈时，似乎在这个城里只有你们是清醒的。

“你是个很棒的孩子，傻子。”我说。

我突然觉得，比起我认识的其他人，我的确更喜欢他——比任何其他男孩，我的妹妹们，甚至从某种意义上说，比梅贝尔。我感到浑身舒畅，就像是听见电影里播放起忧伤的音乐时那样。我想让傻子知道我其实有多么关心他，我想就过去对他的态度做出补偿。

那天晚上我们聊了很久。他的语速很快，似乎很久以来他一直在积攒着打算告诉我的诸多事情。他说他准备做一条独木舟，说街那边的孩子们不愿让他加入他们的橄榄球队，以及一些我根本就弄不懂的事情。

我也谈了一些，想到他竟然那么认真地领会我所说的一切，我的感觉真是太好了。我甚至还谈到了梅贝尔，他向我打听中学里的事情。他的声音很激动，他一直不停地快速地说着，仿佛永远也无法把话及时说完似的。

我睡着后他还在说，我的肩膀仍然能感觉到他的呼吸，亲密而温暖。

接下来的几周，我和梅贝尔经常见面。她表现得似乎真的有点在乎我。

我经常乐昏了头，几乎不知道自己该干些什么。

不过，我并没有忘记傻子。我衣柜的抽屉里有很多我一直积攒的旧玩意儿——拳击手套、汤姆·斯威夫特系列书籍，以及一些二流的渔具。所有这些我都移交给了傻子。

我们又在一起谈了很多，看样子还真像是我第一次认识他。看到他的脸上有一道长长的伤口，我知道他胡乱摆弄了我最近购买的第一把剃须刀，不过我什么都没说。现在他的脸看上去不一样了。

他以往看上去总是很胆怯，似乎在担心头顶悬着的重物。那种表情不见了。

他把眼睛睁得大大的，耳朵竖得高高的，嘴里一直讲个不停，看起来就像是因某事而惊讶并期待着更为绝妙之事。

一次，我开始指着他告诉梅贝尔这是我的小弟弟。那天下午，电影院上映一部神秘谋杀片。我曾帮爸爸干活，因而挣了一美元，于是，我把四分之一给了傻子，让他去看电影，并买点糖果之类的东西，自己则用剩下的钱带着梅贝尔去。

我们坐在后排，因此看见了傻子进场的情景。他刚经过检票员的身边就直盯着银幕看，趺趺撞撞地顺着过道往前走，根本没有注意到自己要往哪里去。我开始用肘推梅贝尔，不过还是有点扭捏。

傻子看起来有点笨笨的——走路的样子就像是喝醉酒似的，眼睛直勾勾地盯着电影。

他正在用衬衫的下摆擦眼镜，灯笼短裤垂挂在身上。他一直走到前几排，那里往往是孩子们坐的地方。我并没有真正用肘推梅贝尔。不过，我想能用自己的钱让他们俩同时看电影真是太好了。

我想，事情像这样持续了有一个月或

者六周左右的时间。

我感到非常高兴，根本没办法静下心来学习或者专注于其他任何事情。我想跟每个人友好相处。有时候，我只是必须找个人聊聊。而这个人往往就是傻子。

他跟我一样高兴。有一次，他说："皮特，你像我的兄弟而不像什么其他人，这一点更让我高兴。"

后来，我和梅贝尔之间出了问题。我从来没能弄清楚这是怎么回事。像她这样的女孩子很难懂。

她开始对我不一样了。起初，我不想让自己相信，试图以为这只是自己的想象。看见我时，她再也不表现出高兴的样子。她经常跟橄榄球队那个有辆黄色跑车的家伙出去兜风。那辆车跟她的头发一个颜色，放学后她就跟着他开车走了，她总是笑逐颜开，眼睛一刻也不离开他的脸。对此，我一筹莫展。

当我好不容易有机会跟她出去时，她却目中无人，好像根本就不在意我。这让我感觉到总是有什么地方不对劲——我会担心自己的鞋子在地板上发出太响的声音，担心裤子的拉链，或是下巴上的肿块。有时，每当梅贝尔出现，我就像遇见鬼似的，板着个脸，直呼成年男子姓氏却不加上"先生"二字，有时还说粗话。可到了晚上，我就一直纳闷自己为什么会这样，琢磨到累得睡着了。

起初，我因为心事太重而把傻子给忘了。可后来他开始让我心烦意乱。他会一直等到我放学回家，总像是有话要跟我说或想让我跟他说些什么。

他在手工课上帮我做了一个书架，还有一个星期，他省下午餐费帮我买了三包烟。他似乎领悟不出我有心事，而我不想跟他一起瞎混。每天下午都一样——他在房间里等我，脸上充满期待。然而，我什么也不说或者有些粗暴地敷衍他，最后他就出去了。

我无法严格地划分出时间，说某天发生了什么，第二天又发生了什么。因为，我的头脑一片混乱，各个星期的事情互相缠绕在一起，我感觉自己仿佛置身地狱，也就什么都不在乎了。我没具体做些什么事，或说些什么话。

梅贝尔依旧跟那个家伙开着那辆黄色的跑车到处转悠，她有时候会对我微笑，有时候则不会。

每天下午，我从一个地方跑到另一个我以为她会去的地方。她若是表现得还算友好，我就开始想，事情最终会好起来的，她还会喜欢我。我越是对自己的自欺欺人感到羞愧，我越是对她紧追不放。

傻子越来越让我心烦意乱。他会看着我，好像是因为某件事情而对我颇为责备，但同时他又知道这种现状不会持续太久。他长得很快，而且不知怎么，说话时还有些结结巴巴。他有时候会做噩梦，或者会把吃下的早饭吐出来。为此，妈妈给他买了一瓶鱼肝油。

后来，我和梅贝尔彻底结束了。我在杂货店遇到她，提出跟她约会。她回绝了，于是我说了一些风凉话。她说她厌恶透了，不想看见我老是在她身边转悠，还说她根本没有喜欢过我，一丁点儿都没有。她毫无顾忌地说出了一切，而我只是站在那里，没做任何回应。我慢慢地走回家。

好几个下午，我独自待在房间里。我哪儿也不想去，也不想跟任何人说话。当傻子进来，有点好奇地看着我时，我大声叫喊，让他出去。我不愿去想梅贝尔跟我一起坐在我的课桌上阅读杂志，或者是削我正在制作的牙刷架的样子。在我看来，我正在把那个女孩从我的脑海里赶出去，效果还不错。

可到了晚上，对于所发生的一切我就没了招架之力。正是为此，事情才会变成现在这个样子。

你看，在梅贝尔跟我说那番话之后的那几个夜晚，我又梦见了她。好像是第一次出现这种情况，我紧紧地抓住傻子的胳膊，所以把他弄醒了。他抓住我的手。

“皮特，你怎么啦？”

突然间我对一切感到愤怒——对自己、梦境、梅贝尔、傻子，以及我所认识的每一个人，喉咙都噎得喘不过气。

我想起梅贝尔对我的每一次羞辱，以及曾经发生过的所有不如意的事。

一时间，我觉得除了傻子这个笨蛋以外谁都不会喜欢我。

“为什么我们不能像过去那样做好朋友了？为什么——？”

“闭嘴！”我一把掀开被子，起身打开灯。他坐在床中间，不停地眨着眼睛，惊恐万分。

我的体内积压着某种东西，我控制不住。我想，任何人一生中都不可能有第二次这样的怒火。

我根本不清楚下一句说出的将是什么话。只是到了说出之后才能想起来，并清楚地知道它意味着什么。

“我们为什么不是朋友？因为你是我见过的最蠢的笨蛋！没有人在乎你的那些破事！不要因为我有时候感到愧疚而对你好一点，就认为我喜欢你这样的笨蛋！”

如果只是因为我的声音大而伤害到他，事情也没那么严重。因为我说得很慢，看上去很平静。傻子的嘴巴半张着，就像是撞到了尺骨神经一样。他脸色煞白，额头直冒汗。他用手背擦去汗水，可有那么一会儿，他的手臂一直举着，似乎在阻挡某样东西，不让其靠近。

“难道你什么都不懂吗？难道你就没有跟什么人出去混过世吗？你为什么缠着我？你到底想变成多么娘娘腔的家伙？”

我不知道接下来我还说了些什么。我忍不住，简直是口不择言。

傻子一动不动。他穿着我的睡衣，又小又瘦的脖子伸在外面，额头上的头发已经湿了。

“你为什么总在我的身边转悠？难道不知道自己什么时候是不受欢迎的吗？”

自那之后，我依然记得傻子的表情是怎么变化的。慢慢地，那种茫然的表情消失了，嘴巴也闭上了。他的眼睛眯成一条缝，拳头握得紧紧的。他以前从来没有过这种表情。他好像每一秒钟都在长大。他的眼神有些冷酷，一滴汗水顺着他的下巴滚落，可他并不去注意它。他就坐在那里，眼睛盯着我，一言不发，面色严厉，一动不动。

“不，你不知道什么时候自己有多惹人厌。你太笨了。真是人如其名——愚蠢的傻子。”

似乎有什么东西在我的体内爆裂了。我关掉灯，坐到窗户边的椅子里。我的腿在发抖，我太累了，累得只想大哭。房间里寒冷黑暗。我坐了很久，抽了一根保存已久被压扁了的香烟。外面的院子黑暗寂静。过了一会儿，我听见傻子躺下了。

我不再愤怒，只是感到疲倦。可是我无法收回所说出的一切。我告诉自己要接近他并想办法弥补。但我只是坐着，在寒冷中久久地坐着。我盘算了一下第二天早上怎样才能把事情妥善解决。然后，我回到床上，尽量不把弹簧弄得吱吱响。

第二天我起床时，傻子已经走了。再后来，当我想按计划的那样向他道歉时，他却用一种从未有过的严厉表情看着我，我连一个字都说不出来了。

这一切就发生在两三个月以前。从那时起，傻子比我认识的任何一个男孩都长得快。他几乎跟我一样高了，骨头也更加厚重宽大。

他不再愿意穿我的旧衣服，他买了自己的第一条长裤——还用两根皮带把它吊着。这仅仅是看得见也说得清的变化。

我们的房间完全不再是我自己的了。他召集了一帮小孩，成立了一个社团。当他们不到某块空地上挖战壕打仗的时候，他们就一直待在我的房间里。

门上有一行用红药水写成的可笑的文字：“替进入此地的局外人感到悲哀”，上面还签着由交叉腿骨图形和神秘的首字母构成的名字。他们组装了一台收音机，每天下午大声地放着音乐。

不过大部分时间傻子都是独自待着。当只有我们俩在房间时，情况更糟。他身穿那条灯芯绒吊带长裤，四仰八叉地躺在床上，用那种冷酷的、近乎轻蔑的眼神凝视着我。

我坐在书桌边无所事事，并因为他的眼神而心神不定。而事实上我却不得不学习，因为这个学期我已经有三门课要挂红灯了。如果英语再不及格的话，明年我就不能毕业了。我不想变成混混，我不得不专心一些。

我一点都不会再去关心梅贝尔或者任何一个特定的姑娘了，现在唯一烦心的是傻子和我之间的事。

我们从来不说话，除非是当着家人的面不得不说。我甚至都不想叫他傻子，而是直接喊他的真名——理查德，除非我忘了。晚上，我根本不能跟他一起待在房间里学习，我不得不到杂货店闲逛，跟其他在此处游荡的家伙一起抽烟，无所事事。

我非常想恢复轻松的心境，比什么都想。我怀念傻子和我之间一度有过的奇特的并非愉快的相处方式，这要是放在以前我绝不会相信。可现在一切都大不相同了，可似乎又找不到很好的解决办法。

我有时候想，如果我们能出去大打一架，或许会有些帮助。可我不能打他，因为他比我小四岁。

还有一点——有时候，傻子的眼神几乎让我相信，如果可以，他很可能想让我永远消失。

我把灵魂缝在纸背上

心动离我很近，
一爱就摧枯拉朽，
现实的残忍却大多依靠
想象与观摩。

关于阅读的秘密小路

✻沈书枝

小的时候，我和妹妹几乎没有书看。

没有课外书，能看的不过是自己的课本。语文书在新学期发下来的头两天就被翻完了，先把喜欢的古诗背一遍，再把喜欢的课文看一遍。古诗寥寥无几，实在是太少了，课本很快被翻完。姐姐们念初中，我们看完了自己的课本，就把她们的课本也拿来看。喜欢并能看懂的篇目有限，且过不了几天，姐姐们的课本也都看完了。

偏偏乡下没有别的娱乐，假如不用帮家里做事，我们放学以后的时光就是瞎玩。

在这种条件下，若想要看书，就只能趁着到亲戚家或者村子里的其他人家去玩的时候，找一找有没有喜欢的书可看。能找到自己喜欢的书其实很难，村子里都是种田的人家，念过书的大人实在是太少了，家里有书的就更少。

我的二姨父那时是村里小学的代课老师，家里难得有几本书，我们逢年过节到二姨家去玩时，总是很高兴，因为又有书可以看了。我们一到二姨家，就跑到她家的红色木头箱子里去翻，箱子里有几本破破烂烂、缺头少尾的书。我们曾在那里找到过只有第一册的《薛平贵征西》和《水浒传》，然而这些书我们都不爱看，我们喜欢看的还是《岳云》《舌战群儒》这样的小人书，百看不厌。岳云舞一双如意锤，武艺不凡，因为担心父亲的安危，日夜兼程，奔赴兵营，这样的年少才俊，那时候我很喜欢。可惜翻完一本之后，就不知道他接下来还会遇到什么危险了。

那时也有《中学生语数外》之类的杂志，零零落落一两本，大概是学校订的，我们找到了，就把里面关于语文的内容挑着看完。其中有学生作文和书的节选，偶尔看到诗词赏析，便默默地记在心里。

等到上初中以后，大姐在外地工作，偶尔给我们买书寄回来，但也只有很少的几本——一本

《古希腊神话》、一本《古罗马神话》、一套硬壳精装的《堂吉诃德》、三册青色书皮的《平凡的世界》。俄狄浦斯王的遭遇让我懂得了悲伤，特洛伊战争使我明白了残酷。我不喜欢宙斯，也不喜欢赫拉、阿波罗和雅典娜——我感觉古希腊的神祇不像我们神话里的神仙，他们像人一样自大而自私，为了究竟谁美一点这样的小事，竟然引发人间的战争。俄狄浦斯王又有什么错呢？他只是无法逃离自己一出生就注定的命运。

等到发现《古罗马神话》只是把《古希腊神话》里的人换了个名字重讲一遍，我们就对它失去了兴趣。那时我看不大懂《堂吉诃德》，然而在它大段大段疯狂的言语中，也感到了严肃的奇异和思辨的美感。

那时候我们很喜欢《平凡的世界》，大概是感觉自己家也如主角家一般贫穷，便有一种感同身受的自怜在里面。这套书后来被爸爸借给了一个村委会书记，再也没有要回来。

有一回我们去邻居家玩，在她家的楼顶上捡到一本纸页已经焦黄的短篇小说集，不知道什么时候被扔在那里，被雨水浸湿后又被太阳晒干，胀得如同云片糕一样厚。这本书没有封面，也没有封底，我们蹲在楼顶上看了一会儿，觉得很有意思，想把它借回去看。

邻居摆摆手说："不要了！送给你们吧！"

等到几年之后我念了大学，我才反应过来，那是一本二十世纪五六十年代的"百花文学"作品集，充满那个时代主题先行的意识形态，然而在生硬的外壳下，仍然有一些柔软的、充满人性的东西被温柔地包裹在里面。

我记得那里面有宗璞的《红豆》，其中的人物江玫，自然是选择了"正确的""革命的"道路，然而在当时，我未尝不为那收在小小的黑丝绒盒子里的两颗珠圆的红豆而感到爱情的忧愁与怅惘。

实在没有书看的时候，爸爸抽屉里的《农村百事通》我们也拿出来看，上面写技术先进的农民怎么种菜、怎么养猪，我们也看得津津有味。高中毕业那年的暑假，我在家里等着不知何时会来的大学录取通知书。

有一天，村子里的小姑娘来找我玩，带来一本薄薄的《边城》。那时候学校的课本里还没有沈从文的文章，我不知道他是什么人，只是打开看了一点，便被它吸引。那个夏日的午后直到黄昏，我一直躲在楼上那间因为西晒而格外闷热的房间里，一口气把它读完了。

这本小说里所写的翠翠的种种隐秘的心情，我很能理解，并与自己那时候的心情进行对照。小说里关于初夏到盛夏时清丽的南方景物的描写，则与我整个童年和少年时代极为熟悉的夏天的一切特征相符合：风吹过时蓬松作响的毛竹林，午后的雷雨，黄昏时桃花色的薄云，夏夜如银子般遍地的月光，黑夜中闪着蓝光的萤火虫，繁密如落雨的虫声。

那是我第一次知道世界上原来有这么美丽的小说，心里喜欢极了。

故事将终时，夜里下起巨大的雷雨，

翠翠在黑暗中发抖，祖父起来把一条布单搭到她身上，说："翠翠，不要怕！"翠翠说："我不怕！"其实她想说而未说出口的是"爷爷你在这里我不怕"。读到这里，我不知为何忽然大哭起来。

虽然从小便熟悉那酝酿了大半天倾盆而落的夏日雷雨的威力，漆黑的夜里炸雷仿佛随时会将屋脊掀翻，像连小孩子的魂魄都要掳去，然而我那时的哭泣却并不是因为害怕，而是近于直觉地感到一种被夏天沉闷的空气和轰隆的雷声压迫住的巨大伤悲。翻到背面的那一页，祖父果然在雷雨将息时死去了。

这本小说在我心里留下了难以磨灭的记忆。

我上大学读了中文系以后，现当代文学的老师一讲到沈从文，我就到学校图书馆里去找了他的其他书来看。我先是看了著名的《从文自传》《湘行散记》《湘西》和其他一些小说集，他那些优美的文字所包含的深切悲悯，读来使人忧愁。不久后《沈从文全集》出版，图书馆订购了前 17 卷，因为这套书非常贵重，所以不予外借，我们只能在样本室里翻阅。

有一段时间，我每天都到图书馆的样本室里坐着，一册一册地看。大学里逃课的日子，大多都在图书馆的样本室中度过了。来看这套书的同学很少，书架上整齐的两排，常常只有我拿的那一卷的位置是空的。我守着书本，如同守着一个不为人知的秘密，心里十分温柔。

渐渐看得多了之后，我也开始学着写一些小说。在那之前我偶尔写一些东西，都是当时流行的"新概念"作文大赛风格的爱情小说，散发着青春期旺盛的荷尔蒙气息，此后，我才开始试着把笔伸向自己从小就熟悉的乡下，将自己童年与少年时期难以忘却的故事写下来。作品自然都写得十分幼稚，从题材到语言，都有着很重的模仿痕迹，然而这大概就是我写作的开始。

因为课业的关系，那时我也读了许多其他现当代文学作品，但我最喜欢的作家，都是与沈从文同一流派的"京派"作家——周作人、废名、汪曾祺等等。我在文学上的偏好与口味，大概在那时就已经定型。

大学毕业后，有一两年时间，我在一家小公司做文员。一方面觉得自己的工作毫无意义，想去继续读书；另一方面却又做不到真正努力去准备考研。在那尤其茫然灰暗的时间里，我也曾假装给沈从文写信，内容是关于自己的日常生活和消极情绪。那是在年轻的时候才能做出来的举动，现在的我完全不能想象自己曾有过那样充沛而无处发泄的情感。

等我终于回到学校读研究生以后，有一天我想给自己起一个更容易叫的网名，便几乎是毫不犹豫地取了"沈"这个姓，又因为自己喜欢书和植物，而取了"书枝"这个名字。用着这个网名，我算是真正开始走上了写作的道路，写出了更多的东西。

几年后，我的第一本和第二本书出版了。这样的事，是 18 岁时在闷热的房间里第一次读沈从文的书的我永远想象不到的，这大概正是文学珍贵的机缘吧。

关于《与玛格丽特的午后》

✽ 陈廿榛

路很长，就像人生，
总有人走，也总有人来。

“幸运的人一生都被童年治愈，不幸的人一生都在治愈童年。”

看完《与玛格丽特的午后》就想到了这句话。

影片的主人公热尔曼，就是一个童年不太幸运的孩子。他是母亲和一个男人短暂风流后的产物，如果他聪明或者漂亮，日子或许还能好过一点。可惜，他肥胖、笨拙，甚至还有阅读障碍。

1

如果他幸运一点，碰见哪怕一个温柔的人，日子或许也能好过一点。可惜他的母亲不喜欢他，会在大庭广众之下羞辱他。他的老师则在他磕磕巴巴读课文时嘲笑他。至于朋友，当他成为一个五十来岁的中年男人时，和他在小酒馆喝酒的朋友们仍以取笑他为乐。

他长到五十多岁，既没有获得世俗的

成功认可，也没能摆脱掉童年的桎梏。他靠打零工和种菜为生，却会在打工时被无故克扣工钱。长大以后，他从母亲的房子里搬出来，住在一辆房车里。

人生已经过半，而热尔曼显然还是没能让童年的伤口得到治愈。那么这些年，他是怎样支撑下来的呢？他得有足够坚韧的神经，足够宽广的心胸，还得有即使痛苦在血脉里流淌也能将其过滤掉的天赋。

如果把这些条件换成通俗的话，就是——这个人得是一个足够善良与柔软的人。

因为善良，他才能忍受着老去后更刻薄甚至偶尔发疯的母亲；因为善良，他才能在酒馆老板娘失恋时柔声安慰她，尽管他的安慰反倒让对方更伤心了。

他的善良，是朋友们公认的。所以当有朋友大半夜情绪失控时，他是最先被想到叫过去帮忙的人。

也是因为善良，他才能愿意坐在公园的长椅上听一个有点寂寞的老太太念书。穿粉色套装的老太太，头发花白，眼神却明亮俏皮，那是只有阅读才能带来的滋养。

这个老太太，她叫玛格丽特，她没有孩子，住在养老院里，费用由侄子支付。

两个看起来并不同频的人，在午后相识了。起初，他不懂她的书面语，那些能在字典里查到的单词，对他来说是那样陌生。而她，也不懂他惯用的俚语，好在，他们能解释清楚让对方明白。

就这样慢慢熟悉起来，在午后的公园里，玛格丽特陆续给热尔曼读了几本书，并且应他的要求，读得慢一点，以便这个不怎么识字的人更好地理解书中的内容。

2

童年与阅读的交替构成了影片的主体，那些来自童年记忆里的尖锐与刻薄在阅读中被慢慢消融了。一个人，尽管有足够的钝感，但他也只是个人而已，是人，就会疼的。

在被母亲咒骂，被老师和同学嘲笑时，那个孤立无援的胖男孩，终于等来了他期盼过无数次的温柔，尽管已经是几十年后。

是的，他有了可爱又贴心的女朋友，她会在开公交车遇见他时按一下喇叭，不嫌弃他孩子气的笨拙，陪着他住在房车里，鼓励他读书给玛格丽特听。

可这些远远不够，童年时缺失的母爱是恋爱无法代替的，“我们总会回到母亲的坟前，像条被遗弃的狗一样哀嚎”。影片中热尔曼对书里的这句话印象深刻，恰好印证了他对母爱的渴望。

所以，热尔曼认真听玛格丽特念书，像小孩子一样抱着字典查单词，不只是为了向朋友们证明他也能读书，他更在意的，是不想辜负玛格丽特的温柔，那是他童年时等待了很多年的礼物。

你能想象吗，一个男人，五十多岁了，可他还是被童年的阴影覆盖——他不敢要小孩。“像我这种人怎么配当父亲呢？没有专业技能证书，甚至连字都不会写，一无是处，我有什么可给这个孩子的呢？”

“爱。”

他的女朋友这样回答他，可即便如此，他仍然不安。他受过伤，知道不被爱的孩子童年有多痛苦。他经历过的痛，不想让自己的孩子再经历一次。

这个过程的变化，导演通过阅读来讲述，玛格丽特给热尔曼读的第一本书是《鼠疫》，老鼠成群结队跑过的画面，阴森森的，就像很多童年受过伤的人会选择性屏蔽的那段记忆。

而到了第二本书——《黎明的承诺》，热尔曼不敢面对的那部分已经开始被打破了，这个近视的孩子，从阅读与温柔中终于获得了那副看清世界的眼镜。

尽管痛苦，尽管无奈，但我想他终于能够接受母亲不爱自己这个事实。

3

到这里，热尔曼的童年治愈疗程其实已经初见成效，但玛格丽特的人生却已经濒临衰败的边缘。生老病死，这是人类无法违抗的自然规律。于是影片中被朗读的第三本书，是热尔曼去书店买来的，他在女友的陪伴下尝试阅读，准备读给玛格丽特听。

而与此同时，热尔曼看起来有些神经质的母亲悄无声息地死在了沙发上。"如果一个人童年时没得到足够的爱，一切都还等着被他发现。"这句玛格丽特曾安慰他的话，像影片里早已埋下的伏笔。

那个在生前从未对热尔曼温柔过的女人，她拼命赚钱，给她唯一的儿子留下了一栋房子，在装有她遗物的盒子里，她竟然还留着小婴儿的衣服和热尔曼的脐带。

她强势了一辈子，对孩子表达爱的方式，是当她的情夫打热尔曼时，她把干草叉扎进了那个男人的大腿；是至死也不愿意对这个让她失望的孩子示弱，以至于她宁愿拔他菜园里的菜来赢得他的注意。

好在，她有一个足够迟钝的孩子，能够容忍与接纳这样强硬的爱，哪怕这份爱来得再晚也没关系。

热尔曼把装有脐带的盒子拿给女友看，他说不知道怎么处理这份遗物。但当女友告诉他自己怀孕以后，他激动的神情似乎又在暗示着：那一截脐带，给了他做父亲的底气。

他相信自己也被母亲爱着，只是她的表达太与众不同了。

这个终于等来母爱的孩子，血液里其实也遗传了来自母亲的固执。当他发现玛格丽特被侄子送往一所偏僻的养老院时，他不顾一切驱车赶往那里，穿过新养老院阴冷而拥挤的走廊，找到了正在读书的玛格丽特。

没有行政文件，没有家属同意，甚至也没有外出许可，这个鲁莽的孩子开着小货车决定把玛格丽特带回家。她没有家了，他就给她一个家。

影片的结尾，在空旷无人的公路上，热尔曼和玛格丽特分食同一个三明治。路很长，就像人生，总有人走，也总有人来。母亲走了，女友的肚子里却有了新的小生命，玛格丽特的人生还有多久呢？

谁也不知道，但热尔曼会一直陪着她，衰老不可避免，但即便她老了，无法继续阅读，他也会当她的眼睛，继续读书给她听。

因为他童年的伤口，是在公园里听她念书那一刻才终于得到治愈的。

一封写给自然的浪漫情书

✽姚 瑶

2019年秋天，我与先生去了一趟塞尔维亚，大部分时间都是开车穿行于崇山郊野，偶尔有牛羊拦路，农舍散落田间，窗台点缀繁花。住在深山的小木屋，燃柴生火，听鸟鸣、枕流水、捡野果，脑袋里想的全是阿尔卑斯山的少女海蒂，还有绿山墙农舍的红发安妮——这些画面，是我童年时代对田园生活的向往。

火光在寂静深夜熊熊燃烧的时候，我想起迈克尔·麦卡锡在《消失的飞蛾：自然与喜悦》里说，欧洲极少有真正意义上的荒野，欧洲的荒野更多的是农田，依旧与人类生活密不可分。这一趟三千公里的自驾和许多个山中的夜晚让我忽然明白了他的意思。

而在城市里，街头，广场，餐馆的户外位置，古老要塞的城墙，被游客娇惯的鸽子迈着蹒跚步伐，摇晃肥硕身躯，低头啄食面包屑。鸽子的数量明显多于麻雀，偶尔看到麻雀在喷泉处喝水，我竟然兴奋地拍下一张照片，对先生说："你知道吗？伦敦的麻雀已经灭绝了，至今没有人找到原因，这种最擅长在人群中谋生的鸟类却在人类社会销声匿迹，无论是谁杀死了麻雀，总归与气候、环境变迁脱不了干系。"

"你怎么知道这种事情？"先生问我。

我说："是《消失的飞蛾：自然与喜悦》里写到的。"

依然是在塞尔维亚，周转伏伊伏丁那地区的山中修道院时，明媚阳光下，空中密密麻麻飞满了各种各样的昆虫，似乎有瓢虫，有蜜蜂，如同照片里密集的噪点，完全成了空气的组成部分。我确实是个胆小的人，一直以来都很害怕昆虫，可是那一天，我走在密不透风的昆虫迷阵里，心里冒出的念头却是，这里的生态一定好得不可思议，才能有那么多的虫子漫天飞舞吧！幸好啊，还有这样的地方存在。

那一刻我知道，如果不是因为翻译了麦卡锡的这本自然随笔，我永远也不会有这样的念头。我不知道在韩国的新万金有那么一条丑陋的堤坝，会斩断候鸟千万年来未曾更改的迁徙线路，灭绝大部分涉水禽。我不知道在亚马孙盆地和南非的草原上，有人因为保护野生动植物而献出生命。我不知道我们每一天都在失去我们在这颗蔚蓝星球上的同伴。我不知道有一些科学家为了让一朵花一种鸟不要灭绝而偷偷守护它们开花、繁衍，甚至二十四小时轮班值守，只为它们不要从地球上消失。

我相信，大多数人都和我一样，对这些曾经发生或正在发生的事情一无所知，我想这或许就是这本书的意义所在。关于地球，关于我们的家园，关于我们的邻居，我们总应该知道一点什么，当风暴终将来临，我们至少应该知道是谁亲手掀起了这场风暴。

很奇怪，看了很多悲悲喜喜的小说都没掉眼泪的我，在翻译这本书的过程中，却一再擤鼻涕，擦眼泪，所以麦卡锡没有说错，我们与自然之间的天然纽带从未消失，只是在喧嚣便捷的城市生活中被掩埋了起来，对归园田居的向往，对自然的热爱，是深植骨血的本能。所以，澳大利亚山火中考拉大量死伤的新闻惹哭了很多甚至从没见过考拉的网友，当科学家说考拉可能因此面临功能性灭绝时，大家拼命喊着“不要让这种事发生”。

当遥远的亚马孙浓烟滚滚时，全世界的人都在为那一片绿肺牵肠挂肚。

所以我们是在意自然的，我们对野生动植物是有共情能力的，只是，我们学会了许多定理与公式，背诵了很多历史与常识，在漫长的学习与生活中，我们唯独没能好好了解一下自然，我们无从入手，也无从下手，甚至无能为力。

或许，读一读这本书，就是一个合适的开始。麦卡锡认为，我们能够真正喜欢上自然，也许自然就还能够得救。至于我们的环境、气候、生态这样宏大的命题是否真的有解，我不知道，但我知道，这本书应该能够让你真正喜欢上自然，它可能不会成为扭转地球命运的英雄，但它一定能像一双温柔的手，在你心上轻叩，因为这本书，更像是一个科学家写给大自然的浪漫情书。

当二月寒冬，麦卡锡在追踪五只杜鹃迁徙的卫星定位系统上看到追踪信号从非洲南部慢慢北移时，那一刻他想跑到街上告诉所有人的不是“你们看，杜鹃是二月份开始向北迁徙的”，而是“这是春天从数千公里外起程了”。

读到这里的时候，我瞬间起了鸡皮疙瘩，科学家的浪漫不输任何伤春悲秋的写字人，甚至更深沉，更梦幻。

当鸟类学者热泪盈眶地讲述夜晚轮渡上看见闪着生物光的鲸鱼缓缓游弋，我想象那个画面，觉得日常里我们执念的一切在这样的奇观与生物面前，是那么微不足道。

当母亲去世后，作者寻遍整个英国，踏遍林地、湖区、高山，去寻找英国所有的蝴蝶种类，以此献给自己此生挚爱的亲人。通宵写作之后，破晓的鸟鸣让作者惊奇不已，那一刻他知道，原来黎明不仅能看见，还能听见。

翻译完这本书后的某一天，一个雨后的清晨，我被响亮的鸟鸣声吵醒，不止一种鸟，不止一种鸣唱，或起或伏，或缓或急，或绵延或清脆，或高亢或婉转，像一场预谋已久的大合唱，在有雨水气味的清晨为睡梦中的城市人演出一场。

而几乎算是彻夜工作的我，在鸟鸣声中醒来后，竟然有点想哭。我心想，真好啊，我还能听见你们的歌唱，我还能听见日出的声音。

那场将至的大雪

✿临素光

假如我活了七十九岁，多半不愿意被人写成区区八万五千字的小说。

对于一段人生来说，这个篇幅太短了。不过，假如是对于一场死亡来说，却又显得太长了。

罗伯特·泽塔勒的《大雪将至》，就是这样一个既短暂又漫长的故事。

罗伯特·泽塔勒出生于奥地利维也纳，做过演员和编剧,40岁时才发表处女作《碧内和库尔特》，一举成名，荣获2007年“布登布洛克之屋”新人奖。这部《大雪将至》面世后，深受读者欢迎，雄踞畅销排行榜，荣获2011年德国格林美尔斯豪森奖，并入围2016年布克国际奖短名单。

《大雪将至》的男主人公安德里亚斯·艾格尔出生于1898年，作为一个来路不明的私生子，母亲早逝后他被寄养在亲戚家。就在这片封闭的山区村庄里，一点点微不足道的爱，以及大量的轻蔑和毒打，留给艾格尔的是一条被打残的瘸腿。

从此以后，他走得慢，想得慢，说话也慢，不慌不忙的样子。但他的每一个想法、每一句话和每一个脚印都留下了痕迹，并且留在他认为应该属于它们的地方。

艾格尔十八岁时离家，虽然残疾，但好在强壮，可以做很多零活，慢慢存钱。等到二十九岁时，才攒够钱，租下一小块有一个干草棚的地皮，建造一个自己的家。在三十五岁时，他才慢悠悠为这个家迎来女主人——玛丽。

就连追求玛丽，也是慢吞吞的。当玛

丽作为客栈女招待为他倒酒时，衬衣的褶子拂过他的上臂，这样轻微的触碰竟然变成漫长的刺痛，要沿着上臂慢慢爬上肩膀，在他的心里扎下根，他才能够鼓起勇气去见她。

慢，是艾格尔命运的节奏。然而，生是缓慢，死却迅疾。

为了给玛丽带来稳定的婚姻生活，他进入比特尔曼公司，参与建造山区缆车和索道，让人们可以乘着缆车欣赏整个山谷的全景。

不过，就在他们炸开山体后不久，一场深夜的雪崩袭击了艾格尔的家园，里面躺着他熟睡的妻子。只是一眨眼工夫，他全部的幸福就被大雪夷为平地，与玛丽初遇时衬衣扫过上臂的微微刺痛，成了永失所爱的狰狞伤口，在将近半个世纪的漫长时光中，拦住了所有想要进入他生活的女人，直到他被死亡带走。

纵观艾格尔的一生，我们会发现，死亡如同山区司空见惯的大雪，与他如影随形。不论是他每天提心吊胆的高空作业，还是洗个澡就得了重感冒一命呜呼的工友，抑或是艾格尔作为国防军参加二战时，在俄罗斯的冰天雪地中随处可见的士兵尸体，死亡都虎视眈眈地蹲守在他的身后。

事实上，在这部《大雪将至》中，作者好几次将死亡的意象具现为大雪，尤其是小说的开头，艾格尔在大雪中发觉朋友“羊角汉斯”病重濒死，于是要背着他去山底的村庄求救。在这厚雪覆盖、行走艰难的山路中，“羊角汉斯”突然回光返照，挣脱了艾格尔的背负，朝着相反的方向，彻底消失在漫天风雪中。

等到“羊角汉斯”冻僵的尸体被找到，艾格尔已经七十多岁了。生与死、慢与快的象征和类比，在这段情节中，被无限放大——“羊角汉斯”短暂仓促的死亡中，蕴藏着艾格尔漫长从容的一生。

《大雪将至》中“雪与死”的意象，很容易让我们想到海明威的《乞力马扎罗的雪》，不仅源于两者相似的主题——死亡和等待死亡，更在于两者相似的开头。

海明威写道，在靠近乞力马扎罗西主峰的地方，“有一具风干冻僵了的雪豹尸体。雪豹在那么高的地方寻找什么，没有人做出过解释”。

而在《大雪将至》中，海明威的“雪豹”成了“羊角汉斯”，他们都在生命的最后时刻，主动选择了雪山当作灵魂终焉之地。

对此，年轻的艾格尔不理解，他对着逐渐远去的“羊角汉斯”大喊：“停住，你个大笨蛋！没有人能逃过死亡！”

死亡如同雪花，悄无声息，却不可抵挡、无法逃避，是每个人唯一的终点。无论是雪豹还是“羊角汉斯”，最后他们在雪山中追寻的答案，都已经昭然若揭——死不重要，重要的是，死前如何活过。

显然，小说结尾时的艾格尔，完全明白了这一点，他问心无愧地活过，就可以从容等待他必然的结局——那场将至的大雪。

一天里唯一的一束光

✽猫河

十五岁之后，我对村上春树的迷恋渐渐就淡了。最后一本废寝忘食读的书是《海边的卡夫卡》，书里的田村卡夫卡君决心成为“世界上最顽强的十五岁少年”，而书外我的十五岁，开始明白人是怎样在不断的求而不得中学会妥协。

后来仍然习惯性地读他出的每一本新书，但再也找不到那种强烈的认同感与模仿欲了。变的不是他，是我。如果每个人心中都有一个中二病的原型，我的原型大概就是村上春树了——他笔下的人物不管在架空复杂的世界中如何形而上地迷失着，但总是很清楚自己喜欢什么：三明治、爵士乐、棒球比赛、工作一小时休息半小时、百分百的女孩……

说实话，我都记不得上次能笃定自己百分百喜欢一样东西是什么时候了，有时即便激动地向人强烈“安利”，事后想来也不过是主题与气氛使然。

其实不管是热血还是丧，这种极端的情绪都只属于少年，只有心思澄澈的人才能不为所动地坚守一种纯粹的价值观。

同理，不再少年之后，我也渐渐不敢看李沧东和金基德的电影了，关于如何一片片肢解这场人生，我更想自欺欺人。

所以，刚开始看《燃烧》的时候我有些抵触。那种感觉，就像初恋来我的城市出差，约我一

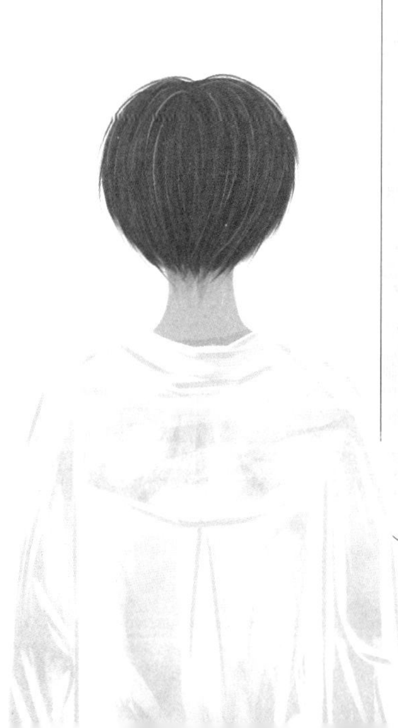

起吃顿饭，虽然早已经不爱了，但还是担心会被他看低。

李沧东拍村上春树，如同让两位初恋组队来检阅我的初心，真让人诚惶诚恐。

很久没这样战战兢兢地看一部电影了，不是抱着批判的挑剔眼光，而是害怕被批判，怕的不是看不懂剧情，不是理解不了深意，怕的是自己无法再感同身受，无论是纯粹的善还是纯粹的恶。说到底，是害怕变老，怕岁月把我磨钝了，只剩与生活讨价还价，求得一场中庸。

直到看到惠美房间里那一天里唯一的一束光，我才稍微松了口气——当钟秀望向那束光的时候，我脸上的表情肯定也跟着柔和了，那种微妙的喜欢，那种卑微也伟人的迷恋，我依然感同身受。

那一刻，就是摧枯拉朽。

《燃烧》改编自村上春树的短篇小说《烧仓房》，小说是暧昧的，李沧东的残忍却宝刀未老，他选择最鲜血淋漓的解读——惠美是钟秀一天甚至一生中唯一的一束光，但在本眼中，却只是每两个月就可以随手付之一炬的塑料大棚。

村上春树永恒的少年感撞上李沧东的执导如执刀，促成了这部迄今为止最成功的村上春树作品改编电影。两个多小时的观影体验，于我，就像重回十五岁，只不过那时候，心动离我很近，一爱就摧枯拉朽，现实的残忍却大多依靠想象与观摩。如今好的坏的都触手可及，我却哪个都不想碰。

我故作有理有据地喜欢着一个人，如果你要求，我可以讲出他一百个优点，打死也不承认只是当初的一个眼神让我心动。

我貌似理性客观地远离着一切危险，但其实只是怠惰，不想离开自己的舒适圈而已，并没有表现出来的那么坚信普世善恶观。

偶尔一部电影、一本书、一首歌，就会让我原形毕露——怕自己老得无趣，又怕检阅出自己的幼稚。

也许我根本没有变老，只是长成了“世界上最顽强的十五岁少年”，继续在内心不动声色地摧枯拉朽。把所有喜欢的，当成一天里唯一的一束光，看着他们来，又看着他们走。

光是留不住的。

你对我有多重要，只有我自己最清楚。

✲ 陶瓷兔子

承认“我在意”，是难能可贵的勇气

1

上周末看了一部电影《超脱》。

电影的主人公亨利是一名老师，他所在的社区学校里的学生都是一群混不吝的孩子，打架、文身、吸烟、逃学……你能想到的所有出格的行为，在这所学校里都屡见不鲜。

但亨利自有妙计来应付这一团糟的状况，绝招就是电影的名字——超脱。

对一切都不在意，对一切都不上心，永远让自己处在隔岸观火的旁观者状态，不被任何一件事激怒，也不为任何人负责。

他始终都能保持着一副淡漠的样子，无论是小时候看到母亲被祖父侵犯，还是面对患上了阿尔茨海默病，记忆不断消散却对往事心怀愧疚的祖父，面对第一节课就当面挑衅他的学生，抑或是那个被他当成小动物一样捡回家的失足少女，他都很少表露出浓烈的情绪。

他像一面光滑的墙，无法挂住任何情绪，不接受投射，不承载希望，也因此得以保全自身。

一开始我很羡慕亨利的超脱和淡然，但看到中间的时候，却更喜欢影片中那个普通女老师。

有个女学生门门功课都不及格，在被叫到办公室之后还吊儿郎当，一脸不屑地表示自己以后可以做模特。

她本可以像亨利一样不在意，随便批评几句劝解几句——反正说什么也没用。但明知道没有用，她还是非常不优雅地失态了，直着嗓子冲着女学生吼——

“想听真话吗?

第一，你进不了乐队，也当不了模特，因为你没有任何抱负，一无所长，你得和80% 的美国劳动力竞争，拿最低的工资，永无出头之日，直到你的工作被机器取代。

第二，你唯一的才能就是吸引男人，你的生活会变成一出苦情戏。你怎么就不明白，用不了一天，甚至是一小时，你的人生只会越变越糟。”

以及那一句怒其不争的爆发“不在乎谁不会啊！在乎才需要花费巨大的勇气”。

2

下一个镜头依然是女学生带着一脸“要你管”的表情起身离去，只留下她一个人气冲冲地在原地抹眼泪。

但我的确是在那个瞬间意外地被这个并不是主角的女人打动了。

她才是真正的勇敢啊，明知道自己的苦心得不到回报，也依然不吝惜地去表达关心和在意。

孤独和超脱听上去好像很难也很酷，但对一切漠不关心其实是最省力的活法，在乎一个人需要花费太多心力了，而被辜负的感觉又尤其让人受伤。

这或许就是很多人开始时被亨利打动，并向往成为这种人的原因。

可更勇敢的人总是选择更难的那条路。

哪怕明知道说了也没用，哪怕明知道会被辜负，哪怕明知道自己一片好心反而会被怨恨，她依然选择表达自己的在意。

3

中学时我有个关系很好的朋友，基本上我们每天都一起上下学，无话不说，也十分默契，可就在分科的那一年，我们的友谊戛然而止。

我至今都记得那天放学的时候她一路烦恼地纠结：“我爸妈让我学理科，但我要是读了理科，就不能跟你一个班了，我有点舍不得你……”

大概是害怕这份友谊的力量不足以让她跟父母对抗吧，我烦躁地打断她：“你要学理科就学理科吧，我无所谓，反正我又不是只有你这一个朋友。”

第二天上学时，我甚至还刻意当着她的面跟另一个女孩“秀友谊”，聊着去文科班之后一起做作业一起去春游，看到她坐在一边插不上话，眼里的光一点点黯淡下去的样子，居然有种奇妙的快感。

看，不是你抛弃了我去学了理科，是我先离开你的，你对我根本没那么重要，你离开我这件事，我一点都不在意。

然后我们的友谊迅速冷淡下去，很快就到了连见面都只会矜持地点点头的程度。虽然分了班，但我们的教室一直都挨着。

我一直很想告诉她，当时我说的不是真心话。但直到我们都毕业，上大学，工作，在同学聚会上相聚并加了微信，这句话我始终都没能说出口。

怎么说得出口呢？

我本来就不是个勇敢的人，而很多一开始就被轻易放弃的东西，想要拾起来要用那么多额外的勇气。

4

前段时间在看《也许你该找个人聊聊》这本书，书中一个看上去很不起眼的情节击中了我。

那是洛莉结束了跟她的心理治疗师温德尔的咨询，生活也已经回归了正轨，在最后一次跟温德尔见面的时候，她犹豫了很久，还是问出了那句：“你喜欢我吗？”

很奇怪吧。

一个女人问一个男人，一个病人问自己的医生，一个心理咨询师问自己的同行：“你喜欢我吗？”

无论从哪个角度哪种关系看都很尴尬，因此我猜大多数人都会做出另一个选择，把这句话狠狠地咽进肚子里。

可假装不在乎，并不代表真的不在意，尤其是在我们欣赏的、尊重的人面前。人总是希望自己在对方眼里是有一点点特殊的，哪怕只有一点点，能比别人多得到一点点喜欢，也是一种莫大的鼓励。

我也有过很想对其问出这句话的人，但思来想去最终还是没有开口，一半是怕对方误会，另一半是怕自己得不到想要的答案。

所以我无比羡慕能坦坦荡荡地问出“你喜欢我吗”这句话的洛莉。

她想了，就去做，她甚至很幸运地遇到了一个能接住她这句话的人——可我们也不一定就遇不到啊，只是从来都没有给自己，给别人这样的机会罢了。

如果有时光机，我大概会选择回去拍拍曾经那个自己的肩，告诉她勇敢点。

你在意的人，值得你去冒一次险。因为遗憾本身就大于心碎。

喵呜，呼噜和好天气

渴望飞起来，
也许是我喜欢
这只白鹭的缘由。

花狗

✽萧　红

是凡经过的人都说这狗老死了，或是被咬死了，其实不是，它是被冷落死了。

在一个深奥的、很小的院心上，集聚几个邻人。这院子种着两棵大芭蕉，人们就在芭蕉叶子下边谈论着李寡妇的大花狗。

有的说："看吧，这大狗又倒霉了。"

有的说："不见得，上回还不是闹到终归儿子没有回来，花狗也饿病了，因此李寡妇哭了好几回……"

"唉，你就别说啦，这两天还不是么，那大花狗都站不住了，若是人一定要扶着墙走路……"

人们正说着，李寡妇的大花狗就来了。它是一条虎狗，头是大的，嘴是方的，走起路来很威严，全身是黄毛带着白花。它从芭蕉叶里露出来了，站在许多人的面前，还勉强地摇一摇尾巴。

但那原来的姿态完全不对了，眼睛没有一点光亮，全身的毛好像要脱落似的在它的身上飘浮着。

人们正想要说些什么，看到李寡妇戴着大帽子从屋里出来，大家就停止了，都把眼睛落到李寡妇的身上。她手里拿着一把黄香，身上背着一个黄布口袋。

"听说少爷来信了，倒是吗？"

"是的，是的，没有多少日子，就要换防回来的……是的……亲手写的信来……我是到佛堂去烧香，是我应许下的，只要老佛爷保佑我那孩子有了信，从那天起，我就从那天三遍香烧着，一直到他回来……"那大花狗仍照着它平常的习惯，一看到主人出街，它就跟上去，李寡妇一边骂着就走远了。

那班谈论的人，也都谈论一会各自回家了。

留下了大花狗自己在芭蕉叶下蹲着。

大花狗，李寡妇养了它十几年，李老头子活着的时候，和她吵架，她一生气坐在椅子上哭半天会一动不动的，大花狗就陪着她蹲在她的脚尖旁。她生病的时候，大花狗也不出屋，就在她旁边转着。她和邻居骂架时，大花狗就上去撕人家衣服。她夜里失眠时，大花狗摇着尾巴一直陪她到天明。

所以她爱这狗胜过于一切了，冬天给这狗做一张小棉被，夏天给它铺一张小凉席。

李寡妇的儿子随军出发了以后，她对这狗更是一时也不能离开的，她把这狗看成个什么都能了解的能懂人性的了。

有几次她听了前线上恶劣的消息，她竟拍着那大花狗哭了好几次，有的时候像枕头似的枕着那大花狗哭。

大花狗也实在惹人怜爱，卷着尾巴，虎头虎脑的，虽然它忧愁了，寂寞了，眼睛无光了，但这更显得它柔顺，显得它温和。所以每当晚饭以后，它挨着家是凡里院外院的人家，它都用嘴推开门进去拜访一次，有剩饭的给它，它就吃了，没有剩饭，它就在人家屋里绕了一个圈就静静地出来了。这狗流浪了半个月了，它到主人旁边，主人也不打它，也不骂它，只是什么也不表示，冷静地接待了它，而并不是按着一定的时候给东西吃，想起来就给它，忘记了也就算了。

大花狗落雨也在外边，刮风也在外边，李寡妇整天锁着门到东城门外的佛堂去。

有一天她的邻居告诉她：

“你的大花狗，昨夜在街上被别的狗咬了腿流了血……”

“是的，是的，给它包扎包扎。”

“那狗实在可怜呢，满院子寻食……”邻人又说。

“唉，你没听在前线上呢，那真可怜……咱家里这一只狗算什么呢？”她忙着话没有说完，又背着黄布口袋上佛堂烧香去了。

等邻人第二次告诉她说：“你去看看你那狗吧！”

那时候大花狗已经躺在外院的大门口了，躺着动也不动，那只被咬伤了的前腿，晒在太阳下。

本来李寡妇一看了也多少引起些悲哀来，也就想喊人来花两角钱埋了它。但因为刚刚又收到儿子一封信，是广州退却时写的，看信上说儿子就该到家了，于是她逢人便讲，竟把花狗又忘记了。

这花狗一直在外院的门口，躺了三两天。

是凡经过的人都说这狗老死了，或是被咬死了，其实不是，它是被冷落死了。

一只被逼上梁山的猪

✻胡弃暗

初中时语文老师给我们讲，“家”字为什么是宝盖头底下一个“豕”呢？因为在古时候，猪是跟人住在同一屋檐下的，屋里没有猪，就不称其为家了。

睁眼说瞎话嘛。还古时候，其实直到1990年，在我的家乡，猪仍是跟人同住个屋檐下的，起码我家是这样，邻居家也是。

我跟奶奶睡西房，猪睡东房北半间，南半间是锅灶，当中只以半段矮墙接半道木栅栏隔开。不光住同一座房子，猪也跟我们用同一口锅吃饭。当然，吃的是不同的东西，而且它们每天比我们少吃一顿。

虽说是同吃同睡的伴侣，到了年底，照例是要把它们杀了吃肉的。对此我们毫无怜悯或愧疚之意，自然规律嘛，习惯就好。

我家一次只养一到两头猪，一律是约克夏大白猪，麦收时节抱崽，养上大半年，正好宰了过春节。阉猪与杀猪我就不写了，感兴趣的朋友可以参看毕飞宇的《苏北少年“堂吉诃德”》和张爱玲的《异乡记》，都写得非常逼真、非常精彩。

我家历届猪留给我的最鲜明的集体印象是：一到青春期就被强行戴上一枚亮闪闪的钢丝鼻环，加上它们饿了就扯开嗓子嚎，十足朋克范儿。

王小波写过《一只特立独行的猪》。读到那篇文章时，我立刻就想起来，我家也有过一只拥有闪耀时刻的猪。当然了，它的觉悟和壮举都达不到小波老师那位“猪兄”的水准。它并非有意识地尝试突破人类对其生命的设置，只是受不了我的凌虐而做出了本能的反抗。换句话说，它算不得一只特立独行的猪，仅仅是一只被逼上梁山的猪。

每个男孩大概都做过策马奔驰的梦，我也不例外。我的心里住着一匹骏马，可惜我的家里没有草原和马厩，我们村里、乡里乃至县里也没有。我只见过马戏团那种脏兮兮、蔫耷耷的马。别说不是我的，就算他们主动牵给我，我也不敢骑。事实上，我连队上的水牛都不敢靠近。我寻思着，相比于山丘一样的牛马，我的身材还是跟家里这头猪比较般配，于是就打起了它的主意。

一个初冬的下午，奶奶下田干活去了，继爷爷钓鱼或搓麻将去了。我意识到机会来了，就立即关上屋门，走向猪圈，打开木栅栏，准备进去骑那仅有的一头猪。可猪圈里积着许多猪粪。我却步了，抄起一根竹竿往猪背上招呼，想把它赶出来。它抗拒了老半天，终于扭扭捏捏出来了，停在我面前，仰起脖子，用哀怨的眼神看我。它的背脊上有粪迹，我不敢直接骑上去，只好去房间抱了床被子过来，披在它身上做“猪鞍”。

到这时为止，它都非常乖顺，几乎一动不动，任凭我发落，然而，我刚骑到它背上，它就发飙了，瞬间将我掀翻在地，接着撞倒一把椅子，拱开大门，冲了出去。完了，要穿帮了。我连忙爬起来追出去。它径直奔向晒场尽头，穿过东西大路，钻进了河岸的灌木丛。见我追了上来，它索性横下一条心，跳进了冰冷的河水，麻利地朝河心游去，然后就在河心来回巡游，歪着脑袋观察我的动向。

我顿时傻眼了。我学了那么多次，都没学会游泳，它是什么时候学会的？但我没工夫自卑了，我意识到自己闯了大祸。对一个农民家庭来说，一头猪是一笔相当可观的财产。如果它淹死了，我可怎么向奶奶交代呀？于是我认尿了，讨好地向它招手，请求它上来，保证不再骑它。但它已经不信任我了，固执地逡巡在河心。

我顾不得穿帮了，决定去找人帮忙，但在找人之前，先匆匆溜回家，将猪圈的木栅栏关好，为撒谎埋好伏笔。其实用不着我去叫人，在河边洗衣洗菜洗粪勺的邻居们，早就发现了这头会游泳的猪。消息迅速扩散，不久，河周围就站了许多人，都在指指点点评头品足。后来奶奶也来了，笑呵呵地问是谁家的猪。我告诉她是我们家的。她愣了一下，赶紧叫几个小伙子帮忙把它弄上来。

一道冲它喊，不管用。用长竹竿拍水，不管用。向它扔泥块瓦片，还是不管用。这条河里又没船，怎么办呢？大冬天的，总不能让人下水去抱猪吧！最后，一位大哥想出了个好主意：搬来两只洗澡用的椭圆形木脚桶，并排摆好，将一根竹扁担居中横在口上，用粗麻绳固定，这样就有了一条左右对称的“双舱船”，勉强可以载起一个成年人了。那位大哥亲自坐上这条“船”，小心翼翼地用手拨水，慢慢向河心的猪划去。我们在河岸上注视着，都替他捏着一把汗，生怕那条“船”重心不稳自己翻掉，或者被猪拱翻。幸而这两种担忧都没有发生，猪却被他成功撵上了岸。它哆嗦着一身肥膘，乖乖地踱回了熟悉的猪圈。我和奶奶都松了一口气。它大概也松了一口气。

后来我有没有受罚，我完全记不得了。我一定谎称是猪自己跃出猪圈的。那条粘了猪粪的被子则无声地揭穿了我的谎言。但那又怎么样呢？顶多挨一顿骂而已。我只是干了件蠢事，奶奶不可能杀了我，我毕竟是人，而且是她的孙子。

而那头猪呢，尽管拥有了一个辉煌的下午，展现出了一个游泳健将的天赋，可谁会珍视它这多余的天赋呢？它只是一头猪啊，专心长肉就可以了。作为一头乐意生活在猪圈里的猪，它是注定要重复前任后任的命运的。没错，它没有活过那个辉煌的冬天。

你见过影子吗

✽方栀柒

“我在等我的影子。”女孩眺望着远方，轻轻地说道，“它已经离开我很久了。”

她坐在大树下，身子被树荫包裹着，身体的影子被片片树叶切割成了点点碎片。

我有些好奇地坐在她身边，问：“为什么说它离开了？”

女孩奇怪地瞥了我一眼，冷冷地回答：“我又不认识你，为什么要告诉你？”

我的脸一下子红了，悻悻地说道：“不说就算了。”

我刚搬来三清小区不久，妈妈一直催促我下楼多认识新朋友。我躲在卧室观察了好多天，才选中了这个看上去就温柔好看的女孩作为切入点。

炎炎暑假里，只有她穿着各种各样的小裙子，始终安静地坐在梧桐树下发呆。虽然偶尔也会有人和她说话，但我就是觉得她比其他人孤单。

可没想到，她会这么直接地拒绝我。火辣辣的阳光落在脸上，我故作镇定地站起身，经过时还小心眼地踩了踩她的影子。

我不甘心就这么灰头土脸地回去。刚好一个羽毛球落在我的身前，我捡起球，把羽毛球递给那个扎着丸子头、满头大汗的女孩，并硬着头皮说道：“你好，我叫孟瑶，你叫什么名字？我可以加入你们吗？”

那个女孩闻言，眼睛都亮了，笑盈盈地说：“我叫孙潇，欢迎你的加入。”

我很顺利地加入了战局，没几分钟就流了一身汗。坐在树下的女孩却不知道什么时候消失了。我仿佛一拳打在了棉花上。

“我劝你最近最好不要去招惹她。”孙潇提醒我，“她的猫丢了。”

“听说，影子特意跑回来跟她道别，在树下喵喵叫。”孙潇接着说，“等许雾跑下来，猫已不知跑哪里去了。”

原来她叫许雾。原来影子是只猫。

那次的接触给我留下了很深的印象，所以即便后来在孙潇的带领下认识了几个朋友，我还是对许雾念念不忘。

我锲而不舍地与许雾搭话，将最好吃的小零食送给她，装作不经意地和她分享小秘密，单方面地营造出和她是好朋友的假象。许雾兴致不高，像是夜空下的一口深井，懒得给我多余的回应。

孙潇反倒将这当作一个有趣的游戏，总是笑眯眯地为我总结："今天你跟她说了三十九句话，但她只回答了三句。"

"下午你跟她说了五个小故事，她回答了十个'嗯'。"

我有些恼羞成怒："你的观察力能不能不要用在这种地方？"

她摊了摊手，认真地说："这样才好玩嘛。"

孙潇觉得什么好玩就会一直玩。比如这个夏天才学会的羽毛球，哪怕大家都在树下乘凉，她也要抓紧时间忽悠人去打两场；比如觉得我和许雾搭话很有趣，她就会不停地和我分享许雾的动态。

她还会在我不想打羽毛球时，拿出和许雾的合影，诱惑我说："我和许雾是多年好友。如果你陪我打二十分钟，我就告诉你一件关于许雾的事情。"

许雾就是她鞭策我的一根胡萝卜。我嘴上说不稀罕，可次次都上钩，每天陪她玩得汗流浃背、气喘吁吁才作罢。

后来，许雾都看不下去了，摇着头叹息道："孟瑶，你能不能别总被她牵着鼻子走。"

"那我能成为你的好朋友吗？"我可怜巴巴地问。

许雾说："好吧。"

孙潇不客气地揽住她的肩膀，说道："你就爱和我作对。"

许雾翘着嘴角，没有反驳她的话。

我终于从许雾口中知道了影子的更多事情。影子是只黑猫，是她从垃圾堆里捡回来的。在孙潇搬来之前，影子是她唯一的玩伴。

影子原来不叫影子，因为长大一点后总喜欢在她的脚边绕圈，许雾才给它改了名字。

"啊，黏人的小猫。"我有些羡慕。

许雾摇了摇头，垂下那浓密的睫毛，道："它一点都不黏人。"

影子喜欢绕着她转圈，却不喜欢她抱它。每当她弯腰准备去抱它时，它就会翘着高高的尾巴走掉。她说："影子是只高傲的小猫。"

三清小区是个老小区，有好几户人家都养了猫，但大多是散养。主人家不限制它们的行动，只要每晚确定它们回家就好。为此，小区里有好几处专门的喂猫点，供家猫和野猫进食。

许雾本不想让影子出去跑，害怕它在外面遭遇危险，也害怕它一去不回。等影子稍大一点，可以跳上门窗时，她担心它会从阳台上掉下去，便把它关进了笼子里。

平日里爸爸妈妈要上班，她要去上学，家中只剩下影子孤零零地待着。看着影子无聊得只能玩自己的尾巴时，许雾觉得对它很亏欠。

隔壁奶奶劝她，猫拴不住，也不像狗那么亲人。与其把它关着，还不如放它下去，让它记住回家的路。

许雾用零花钱买了条牵引绳，带着影子进进出出有半个月，才在她常待的那棵树下尝试着松开绳子。

影子很快就和小区的猫玩成了一团，但更多时候是独来独往，翘着尾巴像个侠客般在小区里巡视。幸运的是，它不黏人，但很聪明，能认人。

许雾家住二楼，想它的时候，只要站在阳台上叫它的名字，它就会像一颗圆滚滚的黑豆，速速滚回来。

转眼间，五年过去了。在一个很寻常的下午，许雾对着漫天的晚霞呼唤着影子的名字。影子一瘸一拐地从灌木丛中出现，却不再上来。它坐在树下对着二楼的许雾喵喵叫，叫声清脆又温柔。等许雾担心地跑下去时，影子已经不见了。

它再也没有回来。

许雾手机里有很多影子的照片。她的相册像是被煤球小妖怪占领的星球，一团又一团，全是影子黑漆漆的身体和亮晶晶的眼睛。

我对着相似度极高的八九张照片看了又看，得出结论："看起来很聪明，就算在野外，也能混到大王的水平。"

许雾扯了扯嘴角，目光像水一样将影子包围着。她没有被我拙劣的话语安慰到，我如坐针毡，后悔自己的好奇心勾起了她的伤心事。

事后，我逃也似的离开了她，找到孙潇一顿抱怨："你怎么能漏掉那么重要的细节呢？"

"什么细节？"

我伸出双手，有点委屈地说："影子出现的最后一面，是一瘸一拐的！它受伤了！再消失肯定凶多吉少！"

孙潇冷静地说道："受不受伤，知道归家的小猫不回家了，也肯定是凶多吉少吧。"她奇怪地看我一眼："不是你非要了解来龙去脉吗？"

我颓然地坐下，不知道怎么解释那复杂的心理。我知道影子大概是不会回来了，也希望和许雾多些其他的话题，但不承想，我不经意间又揭开了这道伤疤。

早在她固执地坐在树下，等影子的第一天起，我就该知道这是一个不该触碰的话题。

在我自责的时候，孙潇忽然说："她总要接受的。影子没回来是事实，她不该长久地沉浸在这悲伤中。"

说得轻巧。许雾将影子从小养到大，几乎每天都在操心着它的点滴。

"所以呢？"孙潇冷漠道，"所以她往后余生就要被困在影子离开的那个下午吗？"

她咄咄逼人："她当时哭着闹着要去找，我们陪她整整找了三天；好不容易劝住了，一边假装一切都很好，一边又摆出心如死灰的样子。让谁都没办法放心她。"

我被她吓住了，结结巴巴"呃"了几下，才拐着弯为许雾说话："这又不是说控制就能控制的。要是这么好控制，世上就没有伤心难过的人了。"我有点后悔，早知道孙潇是个一点就炸的炮仗，就不会为了心安而推卸责任了。

我支支吾吾，试图和她说道理："其实许雾不接受也没关系，影子肯定会很高兴她一直记得它。"

"再说了，我们不是都陪在她身边吗？我知道你每天都在她身边玩闹，就是为了转移她的注意力。我们一起加油，她肯定会慢慢地走出来的。”我接着说。

孙潇没有回话，只是表情复杂地看着我的背后。一阵风吹来，我似有所感，回头就和红着眼眶的许雾对上了视线。

我头皮发麻，不知道她听到了多少，连忙走过去抱住她。可我也不知道说什么，慌乱中居然一下子丢脸地哭了。

我害怕她因为我们的话难过。

许雾回抱住我，眼泪一滴一滴地落在了我的肩膀上。

“你总算舍得再哭了，我看到你装模作样就讨厌。”孙潇在一旁跟着红了眼睛。

她的话还是不好听，我忍不住哽咽道：“你就别嘴硬了。”

我一边哭，一边猜想，刚才那段话孙潇估计已经想说很久了，只是她和我一样，不想亲自去揭那道伤疤。所以，在看到许雾的身影后，才假装和我争吵将意思表达了出来。

孙潇没有再说话，几秒后凑过来轻轻地抱住了许雾。

那天，我们自然地跳过了那个话题，相拥着沉默了很久，直到被风擦干了泪水。

幸运的是，自那以后，我们的关系发生了明显的变化。许雾不再总是安静地坐在树下，但也坚决不参与“烈日下打羽毛球”的活动。她拉着我们去图书馆，去陶艺馆，去自拍馆。

暑假的剩余时光，我们三个坐在一个吧台上看课外书，做奇形怪状、丑丑的杯子，留下了许多勾肩搭背的照片。

许雾还趁着街角的宠物用品店打折，囤了许多猫粮。面对我们担心的目光，她只笑着说，希望能力所能及地为小猫做点事。她会在喂每一只猫咪的时候，一本正经地拜托：“如果遇到那只叫影子的黑猫，让它累了记得回三清小区二楼的家。”

其实我不太懂她为什么忽然看开了。这天傍晚，趁许雾走亲戚没回家，我用一根荔枝味的冰棍买通了孙潇，准备好好探讨一下这个问题。

“你还真是不达目的不罢休啊。”孙潇一边吃着冰棍，一边批判我，“有人说过你很较真吗？怎么什么事都想打破砂锅问到底？”

我理直气壮地回应：“我想多了解你们嘛！”

我们坐在梧桐树下，任由晚风将发丝吹得乱七八糟。孙潇沉吟片刻，两手一摆：“谁知道她是怎么想的。可能有你这个台阶，她就顺势下来了，总不能真的伤心一辈子吧。”

我也给出自己的分析：“说不准是感受到了你对她的关心，不想让你太担心。”

孙潇哼道：“她最好是。”

讨论到晚饭时分，我和孙潇并没有得出统一的答案便各自回家了。我想，也许没有答案就是当下最好的答案。无论如何，我们都要向前看。

走到楼下时，我听见喂猫点有小猫吃猫粮的声音。那是一只狸花猫，见我靠近，立刻警惕地望着我。我蹲下身，尽量温柔地问：“你见过影子吗？它是一只黑猫。”

它“喵”了一声，随即轻盈地钻进灌木丛中消失了。

连影子都没留下。

我和一只白鹭

✽ 申赋渔

每天早上起来，我都要走到阳台上，跟河对岸那只白鹭打一声招呼。

白鹭要么停在河边那棵青杨树上，要么停在对岸那幢空无一人的房屋的阳台上。它从来不看我。

冬天的时候，河岸上最引人注目的是那棵乌桕树。所有树的叶子都落尽了，只有乌桕树上挂满了白色的小果子，像是开了一树的梅花。这些果子是鸟儿们过冬的食粮。每天都有成群的鸟儿在树上一边啄食，一边叽叽喳喳地闲聊。

春天来了，乌桕树上的小果子被鸟儿们啄食得干干净净，整棵树只剩下光秃的枝条。鸟儿们把落脚点转移到了那棵巨大古老的枫杨树上。枫杨的新叶一下子长满了所有的枝条，整棵树散发出一种热情、好客的气息。也是从这时候开始，白鹭选择了河对岸那棵青杨做自己的落脚点。

不论是晴天雨天，它都站在那里，像一个总在冥想却始终不得开悟的修行者。它看也不看这棵枫杨树上的热闹。它一直站着，一站就是几个小时。偶尔飞出去，在天空中盘旋几圈，或者在河滩浅水里散一会儿步，它又回到青杨树上，并且总站在同一根树枝上。这时候，青杨的叶芽儿刚刚冒出一点，整棵树才有那么一点点的绿意，刚刚苏醒，还睡眼蒙眬。那棵枫杨呢？已经成为整个河岸上最繁华喧嚣的闹市。这都与白鹭无关。春天的白鹭仍然生活在另一个世界里，不知道在坚持什么。它显得孤独又骄傲。

谷雨之后是立夏，立夏之后是小满。枇杷树结了一树的果子，石榴开了一树的小红花。枫杨的叶子从嫩绿变成深绿，现在已经是苍翠的了。茂密的树叶和长串的花朵把树枝压得弯弯的，树冠已经不堪重负。小鸟儿们也没办法在上面停驻了，叶子太多太密，根本就没有落脚的地方。夏日来临。鸟儿们可去的地方太多了，许多鸟儿进入育雏时节，成双成对地飞来飞去，大家已经没有兴趣聚在一起消磨时光。白鹭还是独来独往，只是看上去有些落寞和憔悴。

天黑了，杨树高耸在淡淡的月光底下，我看不到叶子在动，可是我仍然能听到风吹动它的声音。它的声音节奏分明，清澈悦耳。这棵树是白鹭真正的好伙伴。在我看来，白鹭与青杨是一个整体，两者惺惺相惜，密不可分。

季节的变换，导致了小河两岸景物的变幻，同时也造成了许多悲欢离合。我日日生活在这里，默不作声地观看着这一切。植物生长的轮回，昆虫的爱恨情仇，动物之间的生死之战，村民们的来来去去，轮番在这个荒凉的小村中上演。我没有和任何人产生亲密的联系，他们会引起我内心波澜的起伏，可是并不与我息息相关。只有这只白鹭，它每日和我相伴，我们已经不可分离。

我每天早上都向它问候。它每天都来。它每天都来，就是回应我的问候。在向它问候之后，看到它停栖在河的对岸，我的心就很踏实，很满足。只有在问候了白鹭之后，我才会开始一天的工作。当我工作累了，或者突然想起它的时候，我就到门外去看它。它有时在，有时不在。不在的时间长了，我会心怀焦虑。不过最迟在傍晚，它就会出现。

往往是这样，我坐在书房里，忽然感觉到窗外有一个白影掠过，我就立即走到外面的阳台上。这时候，白鹭已经飞到很远的地方，成了一个小白点。我盯着这个似乎就要消失的小白点，盯着。然后，它就又飞了回来。它的翅膀伸展开来，在天空中滑行，仿佛向我展示它最为自豪的一面。这样飞上几个来回，它就消失了。我很想知道它去了哪里？它的窝筑成什么样？它有没有自己的伙伴？好几次，我想象自己也变成了一只鸟，一只白鹭，可以和它一起飞。我飞不起来，我大概永远也不可能了解一只白鹭。

在做梦的时候，我曾经也是能飞的，飞得与这只白鹭一样好。那时我还没有搬到这里。我梦到我可以贴着河面飞行，可以越过山岭，我可以站在树梢上，在风中摇曳。只要脚尖轻轻一踮，我就可以随心所欲地飞翔。可是这样的梦，已经很久没做了。

有一次，我几乎已经做到这个梦了。我从一个堤坝上往下跳，我希望我能飞起来。我伸开手臂，像鸟儿展开翅膀，一直到碰触水面了，我也没能飞起来，我一头栽到了水里。我已经不会飞了。我每天都做梦，大多平淡无奇，醒来就忘了。我唯一知道的是，我再也没飞过，我的脚步永远沉重地走在大地上。有人说，梦到自己会飞，那是因为你有一个未知的未来。渴望飞起来，也许是我喜欢这只白鹭的缘由。我如果能变成一只鸟儿，就应该是它飞翔的样子。

我家曾来过几只猫

在我最渴望动物朋友的时候，它们来到我家，陪我度过了一段快乐多彩的时光，时间不长，却足够深刻。

✽怅不戒

>>1<<

在乡下，猫是一种很特殊的动物。对于农民而言，动物大致分为两种：能吃的，不能吃的。鸡鸭羊都是养了吃肉的，老黄牛勤勤恳恳忙碌一生，临了也是要宰了吃肉的。只有猫，大家养它并不是为了吃肉。

农忙时，奶奶忙得不分白天黑夜，经常会抱怨："托生成人身就是受苦的命，下辈子一定要托生成猫。"猫是受乡下人羡慕的，既不需要下力干活，又不会被宰了吃，每天优哉游哉，还有肉吃，简直是"人生赢家"。猫也是受乡下人尊敬的，这敬意大约来自它变幻莫测的瞳孔、昼伏夜出的习性，以及强大的谋生能力。乡下人要养只猫，不说买，要说"聘"；猫的性别也不能说公母，要说男女，地位十分超脱。它在家里，不是一个受统治的对象，更像是个借住的客人，所以格外看不起"卑躬屈膝"的狗。但凡一户人家同时养了猫和狗，那它们一定会打架，而且是猫追着狗打。

我很喜欢猫，这小兽有着圆圆的头和圆圆的脸，皮毛光滑，会喵喵撒娇，又会摊着肚皮打呼。童年时期我最大的梦想就是抱着猫睡觉，然而这个愿望一直没实现。母亲不同意家里养猫，说养了会伤心。

家里虽然不能养猫，但邻居家有猫。乡下土话说“一猫管三家”，说的就是土猫爱游荡的习性。只要一家养了猫，相邻的两户人家都不会遭受鼠患。对于来闲逛的猫，邻居不仅不会驱赶，反而会投喂，让它记住这里有好东西吃，隔三岔五过来镇镇场子。每次吃鱼，母亲都会把鱼头、鱼尾留下，放进厨房的猫碗里，在门口“咪咪咪”地唤，邻居的猫听到声音，懒洋洋地在门前打探，闻到鱼腥味儿，才拖着尾巴小跑进来，一路跑进厨房大快朵颐。游荡的猫对人十分防备，吃东西时不让人围观，吃完就跑，更不会让人摸。每次我只能眼巴巴看它们来，再眼巴巴看它们走。

>> 2 <<

也许是看我爱小猫爱得太可怜，母亲就找熟人询问，花 10 块钱在一户农家聘了只男猫，大概三个月大，是只橘猫。橘猫关在厨房养了一个星期，就彻底认了家，每天白天躺在门口的麻布垫子上晒太阳，晚上在院子里巡视游荡。就算偶尔母亲没看见，晚上把它关在客厅里，它也不会在家里拉屎，等到早上开门时箭一般从门缝射出，跑到门前的樟树下刨坑拉屎，十分讲究。

橘猫很快就长到成年猫的体格，身形壮硕，毛色光亮，再加上一双绿莹莹的眼珠，旁人看了都说这猫养得好。它侧躺在地上晒太阳时，我喜欢抚摸它，摸得它舒服了，它就翻过身，露出肚皮来。

橘猫的捕猎技巧十分高超，自打养了它，家里就再也没见过老鼠，相邻几家的老鼠也被清理得干干净净。它迈着猫步在房间里游荡时，胸脯挺得高高的，像国王在后花园里散步一般。

>> 3 <<

可惜这猫只养了两年就不见了。有天母亲发现猫碗没有被动过，出去唤它也不应。此后它就再也没有回家。父亲找遍了全镇，也没见到它的踪影。大家都觉得它凶多吉少，可我还是希望它活着，不过是换了个主人，又或者是换了个地方。

橘猫失踪之后，母亲念叨说再也不养猫了，太伤心。可老鼠不会体谅人，猫一走，它们就在厨房和楼梯间闹腾起来，把门咬出洞，在洗衣机里做窝，在案板上拉屎，穷凶极恶。母亲没办法，又找人聘了只猫，也是农户家里的，是只三花女猫。

三花也是只勤快猫，聘来的时候半岁，养了半个月就熟络了。三花的脾气很好，只要一唤，它就摇着尾巴走过来，温顺地把脑袋靠在人的小腿上撒娇，绕着腿蹭；要是用手摸它的头，它会闭着眼睛仰起头，这时候再摸它的下巴，它就会发出享受的呼呼声。它可以让人抱，但是在怀里不能待太久，久了它就会无聊，扭着身子要跳下去。它待在家里的时候比较多，饭点儿去厨房，其他时候都窝在客厅，稍不注意，它就跳到沙发上、椅子上，闭着眼睛蹲坐养神，一动不动，像团毛毡一般。后来它越发大胆，竟和人抢起椅子来，只要人一离开椅子，它立马跳上去霸占地盘，等到人回来也不让开，非要用手把它拨开，它才悻悻然跳下去。开始我不解，后来才知道它是怕冷——人刚坐过的椅子是热的。到了冬天滴水成冰的时候，它学会了新的取暖办法，全家人晚饭后看电视，它跳到电视机上坐着，电器的热量通过外壳源源不断传来，它眯着眼睛在嘈杂的人声中假扮成雕塑。

>>4<<

三花在家里养了一年，长成一只皮毛丰润的成年女猫，虽然颜色斑驳，但健康活泼。很快就入春了，晚上街边和后院都传来婴儿夜啼般的猫叫，吵得人睡不着。嘈杂的猫叫声中，还夹杂着柴房瓦片被踩落的乒乓声，十分热闹。三花开始往外跑，母亲也没拘着它，乡下土猫本来都是放养的。有天傍晚，街上远远传来猫叫声，它飞快地跑了出去。不多时，街面上传来尖锐的刹车声响，过了一会儿有路人的声音遥遥飘来，依稀能听到“轧死”“猫”这样的字眼，我们赶紧出去看，三花已经咽气了。第二天起床，我去马路边凭吊，悲伤哽在喉咙里，发不出咽不下，只觉得世事无常。

>>5<<

三花去世之后，家里还养过一只猫，也是女猫，还是三花色，聘来就是只成年大猫，和人算不上亲近，但也不怕人。这只新三花也喜欢在麻布脚垫上晒太阳，眯着一双水汪汪的绿眼睛。它也不挑食，有肉有鱼当然高兴，要是没有，白饭、红薯也能吃一碗。有时候我和弟弟吃零食，它也凑过来，通通来者不拒。它很少捣乱，最大的消遣就是在后院柴房的房门和门前的香樟树上磨爪子，于是门和树干上就有了许多细细长长的抓痕。它只有一点不好，就是不会捉老鼠。它刚来的时候，在家里晃荡，喵喵叫唤，把老鼠们吓得搬了家。时间久了，兴许是看到没有一只同伴被抓，老鼠们又搬了回来。

养了一年左右，新三花也去世了。连着没了几只猫，母亲就说不想再养了。我也终于明白母亲说的那种伤心。住在国道边，似乎本就不该养猫。与其在车水马龙中殒命，不如让它们自由自在捕食玩耍，活成一只到冬天要钻被窝的虚弱老猫。

>>6<<

这些来到我家的猫，虽然没有宠物猫娇贵，但有着宠物猫没有的野性。在我最渴望动物朋友的时候，它们来到我家，陪我度过了一段快乐多彩的时光，时间不长，却足够深刻。

成年后我再也没有养过猫，城里房子太逼仄，土猫应该不会活得快乐，养宠物猫又觉得不那么对味儿。几番踌躇下，养猫的念头就打消了。对猫的渴望转化成在网上“云吸猫”，或闲暇时去咖啡店“撸猫”。偶尔看见楼下的草丛里掠过一只野猫，嘴角不由自主勾起，又想起我家曾来过的那些猫。

一只叫“赵云”的猫及其他

云鲸航

我去猴硐猫村，刚下火车，就有几只猫在我跟前转悠，慵懒地伸着身子，走起路来特别缓慢优雅。角落里也窝着一群猫，上下瞄了我一眼，又哈了下嘴巴继续睡觉。有一两只聪慧的，逢人走到它们面前就叫起来，像小孩子的哭声，似乎在讨东西吃。

我在车站对面汤粉馆里吃矿工米粉的间隙，一阵大雨骤然落下，敲得屋瓦砰砰作响。路上的猫跟人一样，纷纷躲在屋檐下。它们抖了抖身子，躺在地上，静静的样子，像在数从屋檐下滑落的雨滴，一滴、两滴、三滴……

当我吃完粉撑伞走到附近的煤矿博物园区时，发觉雨水并没有将猫咪们赶跑，雨一小，它们又成群结队从园区的各个角落跳出来。在房外、墙边、树下活动，猫咪们摆出各种动作。或许是因为没有主人，它们不如家养的猫那么体肥有肉，有几只瘦骨嶙峋，像饿了好些天的浪人，打不起精神。

游人过去抚摸，猫咪们都不害怕，还是懒洋洋的样子。若有人手里带着吃的，它们就盯着食物看，凑上来闻一闻，缠着你，在人前做各种表演，伸腿，洗脸，爬起来又扑通躺到地上，摊开肚皮，讨人欢心。

我蹲下来挠挠其中一只白猫，它很开心地眯着眼睛。我起身要走，它骨碌打个滚，躺在我脚边，似有挡住我去路的意思，很淘气，也很机灵。

小时候，家里也养过猫。那时最早起来的人总是母亲。她趁煮稀饭的间隙，给猫咪喂食。父亲是个三国迷，给猫咪取的名字叫“赵云”，希望这小家伙能好好长，英勇又忠诚。

“赵云”是黄白相间的小猫，被爱猫的母亲喂得圆乎乎的，走起路来，像毛线团滚来滚去，深得家人喜欢，不舍得它瘦一点，便天天将它喂得饱饱的。因为整日将“赵云”关在家中，它也不觉得自己胖。只是后来等它大了，却见它开始自己瘦下来，饭吃得不多，总喜欢往人身上和家具上蹭，有时抓坏了一些东西，母亲也舍不得打它，只朝它嚷嚷，它好像听懂了，瞬间又变得好乖，下一秒又悄悄溜向阳台。

“是不是病了？”母亲问。

“该放它出去了，毕竟这么大了。”父亲说。

所以“赵云”的活动范围开始扩大到了院子里，偶尔听到大门外有猫叫，也耐不住性子爬墙跳出去。玩得越来越野了，有时母亲唤它吃饭也不回。父亲见它不听话，说：“再这样下去这家伙迟早要被别人家的母猫勾了魂去！”他便想阉了“赵云”。

那天我和母亲都不在，等回来时只见“赵云”躺在地上呜呜地哭，脸上挂着两条泪痕，像要死了一样。

晚上吃饭，母亲责备父亲，嘴边嘟哝一句：“这‘赵云’是你取的名字，现在却成了太监，你也真能狠下心……”父亲脾气并不温和，吃了些酒，开始火爆起来，跟母亲吵了一架。我夹在他们俩中间扒了一口饭，咽了几口菜，假装吃饱，起身回卧室去了。

等父母亲之间战乱平息，我推开房门想去瞧瞧受伤的赵云，却看到母亲已经蹲在“赵云”旁边，哭哭啼啼的，像个小姑娘。

猫咪也不叫了，平常会发光的眼睛失去了光芒，有气无力强撑着又闭上，闭上又睁开，撑了一会儿又旋即闭上，好累好累的样子。

母亲跟我说：“你爸就是这样的人，做事情从来都不跟人商量，把‘赵云’变成这样，刚才我一说他，他就跟我急，他进屋前丢下一句话，说要给‘赵云’改名。”

“那叫什么？”我问。

“司马迁……”我妈又开始哭哭啼啼。

从赵云到司马迁，只能说父亲太喜欢历史了。

被唤作“司马迁”后，猫咪不知是赌气还是真的没有适应过来，起初一两周，我们叫它，它都跟没有听见一样兀自做着自己的事，不是躺在院子的石板上，就是在屋檐下伸着爪子做洗脸状。它不往外跑了，也不发情了，但半夜碰到耗子竟也不再像从前那样手到擒来，只在一旁干叫着不动手。它的生活过得越来越没有激情。父亲说它越来越没用。

那年冬天，南方极冷，一些地方都下雪了。“司马迁”得了一场重感冒，整天流着眼泪和鼻涕，样子丑丑的，越来越憔悴。眼看着它快不行了，一家人都很着急，也像被传染了感冒似的，没有状态，心里想的都是它。带“司马迁”去村里张兽医那里打针的是我和父亲，母亲连看它打针都不敢，只在家里揪着一颗心等待。

张兽医拿着一根大针筒，往“司马迁”身上扎了下去，动作异常熟稔，脸上毫无表情。一针下去，“司马迁”像它“受宫刑”那天一样大声叫起来，这样的叫声在它的生命里不会出现第三次。

回来第二天，“司马迁”死了。

全家人都哭坏了。父亲还专门跑到张兽医那里理论，说猫如果不打针还不会这么快死掉，针筒里的药一定有问题。张兽医气呼呼地说有没有问题你打一针试试就知道，说完啪的一声关上了门。父亲受辱似的涨红了脸，捡起地上的石子，砸得他们家门窗哗啦直响，还打破了一扇窗玻璃。

此后，母亲再也没养过猫。

有时在公园里散步，碰到猫咪，我都会停下来观察它们。

它们特别喜欢跟小孩子玩。孩子们会蹲下来跟猫咪打招呼，摸它们的头，挠挠它们下巴。猫咪都很听话，眯着眼睛笑起来。如果孩子们手里有饼干、面包，都会掰开，弄得碎碎的，放在手心递给猫咪。猫咪会先伸出舌头舔一下，觉得合自己胃口，便凑上来小口小口吃着，不咬孩子的手。孩子和猫咪都很快乐。

这种快乐是建立在双方彼此的天真和信任上。

从猴硐车站离开的时候，我又回过头好好看了一下遍地打滚或慵懒走路的猫咪们，突然羡慕起它们的生活——简单，惬意，闲适。当然，这或许仅仅是我自己的感受，猫咪们可不这么想。因为它们，没有人类的思维。

它们在山间奔跑，在林间休憩，饿了，就去捕捉鼠类或者等众人前来投食，一代一代繁衍下去，最后在生命的末尾，永眠于山野之中。很奇怪，谁也无法找到它们的遗骸。

它们悄悄地来，又悄悄地走，如此与这世界告别。